BAD KÖNIG
Das Stahlbad im Odenwald

Vito von Eichborn

Fast alles über

B a d K ö n i g

Geschichte und Geschichten:

Ein charmantes Sammelsurium

Verlag Vitolibro

Der Autor

Vito von Eichborn gründete einst in Frankfurt den Eichborn Verlag und hat als Lektor und Verleger ein halbes Jahrhundert lang Bücher gemacht. Er betreibt seinen Kleinverlag Vitolibro, lebt an einem See in Bad Malente und ist unter die Autoren gegangen. Beim Mare Verlag erschien „Mein Mallorca“ (wo er zwei Jahre lebte) und bei Emons „111 Orte zwischen Lübeck und Kiel, die man gesehen haben muss“ über seine neue Heimat.

® Vitolibro, Bad Malente, 2019
Cover: Thomas Büttner Mediengestaltung Bad Malente
Innengestaltung: Bente Blasius, Plön
Druck: ScandinavianBook
ISBN 978-3-86940-015-0

Verlagsprogramm: www.vitolibro.de

... der Verlag mit dem Flieger

Vorwort

Dies ist – wie es vorne draufsteht – ein Sammelsurium. Die Stichworte zum Sortieren sind, wie die Texte und Bilder, so willkürlich wie hoffentlich substanziell.

Nur zwei Monate war ich Stadtschreiber in Bad König – frei heraus: Ich habe mich sauwohl gefühlt.

Die Bad Königer – oder besser: Kinnicher – wissen, dass sie was Besonderes sind. Wenn man sie fragt, wissen sie aber nicht so recht, warum.

Nächstenhilfe, Vereine, kostenlosen Einsatz für gemeinsame Interessen gibt's ja überall – könnte es sein, dass das öffentliche Engagement hier ausgeprägter ist als anderswo?

Mit so einem Stipendium geht man ja anders auf Menschen zu; ich sprach viele einfach an und stellte mich vor – und stieß buchstäblich immer auf Freundlichkeit und Hilfsbereitschaft.

Im „fast alles" fehlt vieles. Warum ist dies oder jenes drin – und nicht das? Wem was fehlt – pardon. Vielleicht hab ich's einfach nicht erfahren. Und meine Auswahl ist naturgemäß persönlich und willkürlich. Es geht um Information mit Unterhaltung, Fakten und Originalität, nicht Vollständigkeit. Auch keine Aktualität. Und vieles ließ ich weg, weil's das überall ähnlich gibt. Dieses Porträt einer Stadt versucht, über die Historie und das Basiswissen hinaus eine Stimmung für das Ganze zu vermitteln. Nicht mehr.

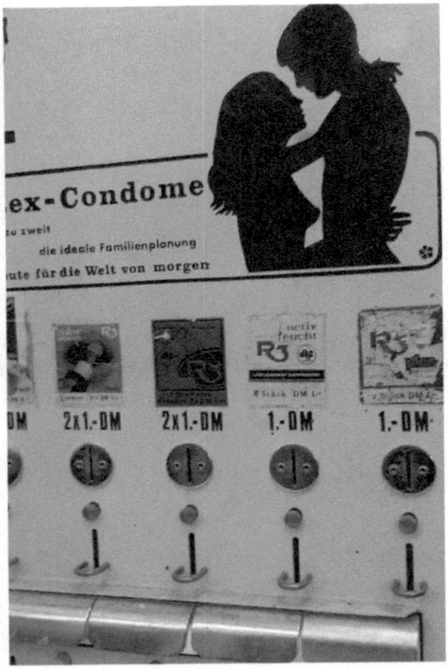
ex-Condome
zu zweit
die ideale Familienplanung
ute für die Welt von morgen
DM
2x1.-DM
2x1.-DM
1.-DM
1.-DM

Gasthaus zur Traube.
Gasthaus zur Traube von L. Schnauber.

RENTMEISTEREI

Ich kann gut vergleichen, denn ich lebe in Bad Malente – das, ebenso als weit und breit einziges „Bad", verblüffende Ähnlichkeiten hat: die rund 10000 Einwohner, die eingemeindeten Dörfer, einen schönen Kurpark, viele Alte, auch ein Amphitheater, sogar witzigerweise ein (anders geschriebenes) Café Kännchen, zwei überregional attraktivere Nachbarstädte (Eutin und Plön statt Erbach und Michelstadt) ... Jedoch statt Wald und Bergen mehrere große Seen, Kliniken statt Therme ...

Hier erzähle ich jetzt keine Klischees über die Norddeutschen und die Hessen – aber gefühlt ist der Zusammenhalt in König stärker, das Heimatgefühl noch mehr ausgeprägt. Ja, die Innenstadt ist heimeliger und hübscher. Das Lebensgefühl im Kinnicher Bürgertum scheint intakt.

Doch auch, wenn die Einwohner ihre Landschaft für die schönste der Welt halten – ich kann zu Hause gradeaus gehen; in König ging mir die Puste aus, ich brauchte ein Moped, um auf den steilen Berg zu meiner schönen Gästewohnung zu kommen. Und hier springe ich ein halbes Jahr lang jeden Morgen nach dem Aufstehen in den See. Ätsch.

Und schließlich: Tausend Dank für Gastfreundschaft und Offenheit an alle, denen ich über den Weg gelaufen bin, besonders dem Stammtisch und dem Heimat- und Geschichtsverein. Ihr habt mich bereichert.

Anschließen möchte ich mich dem Vorwort einer Broschüre von August Schäfer von 1901/3 (1984 zitiert vom Heimat- und Geschichtsverein in „Bad König – die Geschichte einer Stadt"):

Vorwort 2

„Wem ein gütiges Schicksal vergönnt hat, dem nervenzerrüttenden Hasten der Großstadt zu entrinnen und ein still-einsames Plätzchen aufsuchen zu können, an dem er sich der Mutter Natur anschmiegt, um ihr zu lauschen und von ihr zu lernen, der wird, wenn er in das alte Joch zurückkehrt, gerne eine kleine Erinnerung mitnehmen, die ihm die vergangenen Tage stillen Beschauens, das Rauschen des Waldes und das Murmeln der Quelle ins Gedächtnis zurückruft.

Auch derjenige, dessen Wiege in König stand, der aber schon Jahre und Jahrzehnte fern der alten Heimat, vielleicht gar jenseits des Ozeans weilt, wird es dankbar empfinden, wenn ihm Freundes- oder Verwandtenhand als Zeichen treuen Gedenkens dieses Büchlein beschert. ...

Schließlich hoffen wir, dass auch der ‘eingeborene‘ Königer, mag er seinen Heimatort mit all‘ den Gassen und Ecken noch so gut kennen, sich freuen wird, König einmal in anderer, ihm vielleicht unbekannter Beleuchtung zu sehen.“

Apfel

Apfelwinzer und Keltereien, Brennereien und Hofläden, Imker und Obstvereine und Organisationen – hundert Akteure rund um den Odenwälder Apfel sind alleine im Förderverein organisiert. Es geht um Erhalt und Verbreitung alter, regionaler Sorten, um Wein, Saft, Schnaps, Kuchen und Essig, um die Vermittlung von Fachkunde, auch besonders die liebevolle Pflege von Streuobstwiesen.

Wie wär's mit einer Apfel-Kochkäse-Cremesuppe, dazu einem Apfel-Holunder-Secco und hinterher Apfelbrandtrüffel?

Fast drei Monate dauert der „Odenwälder Apfelherbst" mit zahllosen Veranstaltungen: natürlich überall Verkostungen, aber auch Kelterfeste, Live-Brennen, Essigherstellung, Apfellesen und Führungen, Seminare und der Handel mit ganzen Bäumen.

Zu den Apfel-Direktvermarktern gehört in Bad König das Landlädchen „Zum Hirsch" in Fürstengrund (s. Lesungen). Das ist übrigens auch ein Gasthof, und es gibt Fleisch und Wurst, Käse und sogar Eis von befreundeten Betrieben aus der Nachbarschaft.

Ballet

Zweifellos ist die Ballettschule in der Ölmühle (s. d.) von Susanne „Suse" Landgraf buchstäblich sogar international hervorragend. Das kann sonst keine vorweisen: den amtierenden Weltmeister im Steptanz, Florian Bowitz (Bild nächste Seite), den deutschen Meister 2019, Simon Schäfer; und das Duo Noemi Simon Couceiro wurde 2018 Weltmeister im Tapdance.

Suses Mutter Anke, die Sport studiert hatte, gründete sie 1979, holte einen Ballettlehrer, und Suse begann mit drei Jahren zu tanzen. Später absolvierte sie diverse Ausbildungen, lernte u. a. Tanz und Pädagogik in England und leitet die Schule mit den drei Ballettsälen seit 2005. Sie hat neben dem Ballett Steptanz und Modern Dance weiter ausgebaut, und die separate Gruppe „Tap Dragons"

trainiert für allerlei Auftritte sowie für nationale und internationale Meisterschaften. Der Name stammt übrigens heimatverbunden vom Odenwälder Drachen Sigi.

Etwa 200 Schüler aus der gesamten Region lernen hier – klar, weit überwiegend Mädchen. Und es ist rührend, wie schon winzige Mädchen ab drei Jahren stolz dabei sind.

Mehrmals am Tag gibt Suse Unterricht – geht das nicht auf den Keks, immer nur tanzen? Aber nein, sie wirkt fröhlich dabei, und es wirkt schwerelos, wenn man zuschaut.

Sie erzählt, dass staunende Königer damals über ihre Mutter sagten: „Die verdient Geld durch Wackeln mit dem Hintern." Heute ist die Ballettschule geradezu eine Institution. U. a. auch Weltmeister Florian unterrichtet hier. Und seit fast dreißig Jahren Hannah Körbitz, auch Prüferin der Royal Academy of Dance, deren System hier die Grundlage ist.

„Es war schon hervorragend, dass sich zwei deutsche Solo Boys, Lucas und Florian, ins Finale gesteppt hatten. Doch dieser Erfolg sollte noch getoppt werden. Nachdem Lucas einen hervorragenden 5. Platz belegt hatte, stieg die Spannung auf die nächsten Plätze.

Und als klar war, dass Florian Bowitz Weltmeister bei den Boys wird, bebte die Halle, und Florian selbst konnte sekundenlang gar nicht fassen, was hier passierte. Hier hat Deutschland seit 1999 drauf gewartet. Unfassbar!", heißt es bei Facebook. Und die Ballettschule merkt an, dass ihre Formation „Tap Dragons" als einzige deutsche Mannschaft beim World Championship im Halbfinale war.

Bergsträßer

Eine zu Unrecht weitgehend vergessene Königer Berühmtheit ist Heinrich Wilhelm Bergsträßer. Von Graf Christian von Erbach-Schönberg zum Königer Kanzleidirektor gemacht, sorgte er durch Abriss alter Gebäude für den schönen Platz vor dem Schloss und den „Graf-Christians-Bau", das Neue Schloss. Christian und sein Nachfolger Graf Karl gerieten mit dem ihnen zu demokratisch gesinnten und ungehorsamen Bergsträßer in mehrere Prozesse und Streitigkeiten. Nicht die Obrigkeiten, aber die Bevölkerung mochte ihn, als er 1799 in einer öffentlichen Versammlung nach seiner Wiedereinsetzung durch das Reichskammergericht verkündete, die Regierungsgeschäfte alleine zu führen. Der Landesherr forderte österreichische Husaren an, es herrschte fast Bürgerkrieg – Bergsträßer verlor und wurde verhaftet, kam bald aus der Verbannung frei und bezog weiter sein Gehalt. 1813 wurde er zum Rat des russischen Finanzministers gegen Napoleon, überschritt 1814 mit den Russen den Rhein und wurde bei Epinal von russischen Kosaken erschlagen, die ihn für einen Spion hielten.
Wer schreibt mal die genauere Geschichte der für König so elementaren Persönlichkeit?

Biber

Hier macht's Spaß, spazieren zu gehen; dieser Bachlauf ist wunderbar wild zugewachsen, sowas nennt man Biotop. Aber Familie Biber war sauer – da hatten die Königer doch tatsächlich durch ihre wunderbaren zwei Dämme am Seitenarm der Mümling ein Drainagerohr verlegt. Warum? Die Biberburgen hatten dafür gesorgt, dass der Sportbetrieb der TSG eingestellt werden musste, weil ihr Sportplatz unter Wasser stand. Bürgermeister Muhn wollte die Biber eventuell ganz rausschmeißen, die Familien umsiedeln – aber vom NABU bis zum Regierungspräsidium wird das abgelehnt. Der Naturschutzbund meinte, dass in diesem idealen Biberrevier doch gleich die nächsten Bibermigranten einziehen würden. Es bleibt also nur, das Drainagesystem zu pflegen, damit der Wasserstand niedrig bleibt.

Boule

Wie überall wird im Kurpark bei der Minigolf-Anlage auch Boule gespielt, wie Pétanque hierzulande als Freizeitsport heißt. Ganz besonders jedoch ist der Platz in Nieder-Kinzig – das traumhaft schön gelegene Boulodrome. Alleine für die Aussicht lohnt der Besuch. Etwa 20000 Pétanque-Spieler sind in Deutschland organisiert – in diesem so demokratischen Sport, an dem buchstäblich alle teilnehmen können, von 8 bis 80, mit jeder Sprache, ob behindert oder gesund. Und bis auf die Stahlkugeln kostet er nix. In Hessen gibt's rund hundert Mannschaften in sechzig Vereinen. Die Königer nehmen auch an vielerlei Wettkämpfen teil – im Mai 2020 sind hier die besten sechs deutschen Pétanque-Mannschaften zum 2. Bundesliga-Tag zu Gast. Und im Winter gibt's sogar Indoor-Boule in einer Halle.

Und wenn die Mannschaften aus der Partnerstadt Argentat sur Dordogne zum Turnier kommen, geht's nicht um alte oder neue Rivalitäten – die Teilnehmer werden gemischt. (Ich würde ja doch gerne wissen, ob die Franzosen das besser können.)

Brunnen und Quellen

Die Brunnen von Bad König, alle von Reinhold Veit:

S. 14: Erlenbrunnen / Brunnen im Oberdorf

S. 15: Wolfbrunnen / Maul-Brunnen Zell / Römischer Brunnen Fürstengrund / Dorfbrunnen Nieder-Kinzig / Alte Brunnenhalle

S. 16: Gesundheitsbrunnen / Käse-Brünnchen Kimbach / Laufbrunnen / Tiefbrunnen Zell / Marienquelle

S. 17: Brunnen an der Barocktreppe / Eschenbrunnen / Struthbrunnen Kimbach / Großer Brunnen

NATRIUM-CALCIUM-
MAGNESIUM
TAGLICH

Bücherei

Im Dachgeschoss der Rentmeisterei, rundherum unter Dachschrägen überall mit Holz verschalt, findet sich die liebevoll eingerichtete Bücherei. Sie war in den Fünfzigern „Volksbücherei“, dann Stadtbücherei, sollte geschlossen werden und ist seither ein eingetragener gemeinnütziger Verein, ehrenamtlich geführt, mit rund hundert Mitgliedern und Unterstützern.

Es gibt über 8000 Bücher und Hörbücher. Pardon, wenn's kitschig klingt, aber: Hut ab vor Liebe und Leidenschaft für diese Gemeinschaftseinrichtung.

Übrigens wird hier ein ewiger Kampf geführt – gegen die Marder. Hinter den Brettern unterm Dach toben gerne mal Jungmarder rum – es wurde extra ein Radio angeschafft: Wenn man es laut stellt, sind die unsichtbaren Koboldkids still.

Bundesstraße 45

Als die Landstraße zur Bundesstraße wurde, waren die Kinnicher Kaufleute komplett gegen diese blöde Umgehungsstraße: „Dann fahren die ja alle vorbei, statt ihr Geld bei uns zu lassen“.

Die B 45 führt von Sinsheim nach Wöllstadt. Der Abschnitt zwischen Groß-Umstadt und Höchst im Odenwald wurde in den Jahren 1887-1889 als Fernstraße ausgebaut. In den 1930er Jahren erfolgte die Nummerierung als Reichsstraße 45, wobei verschiedene Einzelstrecken zusammengefasst wurden. Nach einigen Streckenänderungen und Verlegungen auf Umgehungsstraßen ist die B 45 heute 156 Kilometer lang und verläuft von Süd nach Nord durch die Bundesländer Baden-Württemberg und Hessen.

Der vierstreifige Abschnitt Dieburg-Hanau wurde 1974 bis 1979 ursprünglich als Autobahn A 683 gebaut und in Betrieb genommen, während die B 45 weiterhin den alten Weg durch die Innerortsbereiche nahm. Anfang der 1980er Jahre wurde sie zur B 45

(Bild: Übergabe) umgewidmet und die alte Streckenführung zu Land-, Kreis- bzw. Innerortsstraßen herabgestuft.

Man stelle sich vor, wie dieser Verkehr sich heute durch die Innenstadt quälen würde!

Café Avantgarde

Ich kam an einem seltsamen Lokal vorbei, das offensichtlich Migranten gehörte. Und ja, der schmucklose Raum mit nackter Birne an der Decke versetzte mich unmittelbar ans Mittelmeer. Ich wollte zunächst nicht stören und wieder gehen, fasste mir aber ein Herz und setzte mich dazu. Dies ist der Treffpunkt für ausgewanderte Griechen und ihre Nachkommen, von denen viele bei Pirelli (s. d.) arbeiten, wie Aziz Ismail erklärte, viele auch als ‚Samurai‘, also für die Sicherheitsdienste. Er erzählte von seiner Oma – die Großeltern sind schon in den sechziger Jahren eingewandert. Das Essen hier ist nicht wie sonst „beim Griechen“ für uns Deutsche angepasst – der Wirt fährt jeden Monat nach Griechenland und besorgt die originalen Zutaten.

Und der leckere Ouzo aus Komotini ist berühmt – laut Aziz der beste Ouzo der Welt.

Eichen

Ganz König trauert: Die Momarter Eiche, das Naturdenkmal des Höhenortes, ist weg. Hoch oben auf 335 Metern – man streitet sich, ob sie drei-, vier- oder gar sechshundert Jahre alt war – stand die Eiche, der Stolz der ganzen Region: 20 Meter hoch, fünf Meter Umfang, 24 Meter Durchmesser maß die Krone der Traubeneiche. Sie ist von innen verfault und war 2018 nach mehreren Sturmschäden nicht zu retten.

vorher ...

... und nachher

Aber einen Rest von ihr gibt's in neuer Form: Walter Hoffmann – der aus Abfallholz vielerlei Objekte gestaltet – macht Holzskulpturen draus.

In Kimbach steht der sogar seit 1923 als Naturdenkmal eingetragene 300 Jahre alte „Odenwaldbaum" (Bild nächste Seite), fast zwanzig Meter hoch, durch Blitzschläge etwas beschädigt.

Er soll die Inspiration für das Gedicht „Es steht ein Baum im Odenwald" sein, das in die berühmte Liedersammlung „Des Knaben Wunderhorn" aufgenommen wurde. „Es steht ein Baum im Odenwald, der hat viel grüne Äst; da bin ich schon viel tausendmal bei meinem Schatz gewest ..."

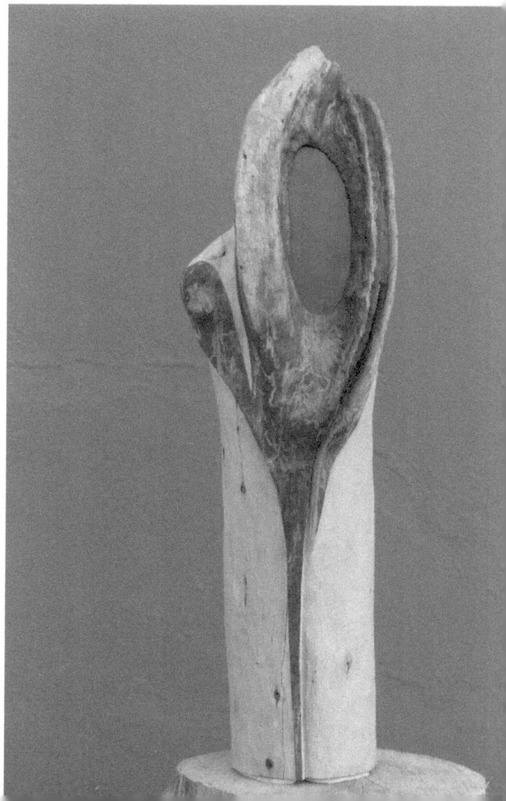

Und in Gumpersberg (s. d.) steht die nicht ganz so alte (um 1850), dafür aber 30 Meter hohe Hannickeleiche. Benannt nach dem berühmten, 1787 hingerichteten Zigeunerführer und „grausen Räuber" aus Baden-Württemberg.

Kennt ihr sie ...?

Einhardsbasilika

Etwas nahezu Einzigartiges gibt es unweit in Steinbach, einem Ortsteil von Michelstadt (s. d.). In ganz Deutschland ist diese Basilika eins der wenigen Beispiele für die Baukunst zur Zeit Karls des Großen, dessen Sohn Ludwig der Fromme die Mark Michelstadt 815 Karls treuem Gefolgsmann und Biographen Einhard schenkte. Hier ist nicht der Platz, um auf die vielerlei Besonderheiten der Architektur, die Krypta und die Reliquien einzugehen – hinfahren, und in Ruhe staunen!

Elfenbein

Die Schnitzerei (Elfenbein und Holz) war hier – wie im Heimatmuseum zu bestaunen – ein weit verbreitetes Handwerk, dessen professionelle Ansiedlung auf den Grafen Franz von Erbach zurückgeht. Das letzte Geschäft in König, mit dem schönen Namen Otto Blumenschein (auch einem Laden in Michelstadt), ist hundert Jahre alt und bietet heute vielerlei Schmuck aus besonderen Materialien an, wie Bern- und Edelstein, Mineralien und Korallen, der auch auf internationalen Messen gezeigt wird.

Übrigens: Hier kann man sich auch ein ganz besonderes Schmuckstück nach eigenen Wünschen herstellen lassen. Wo gibt es sowas noch?

Erbach

Die Kreisstadt Erbach in der Nachbarschaft hat fast 14000 Einwohner – und eine schön erhaltene Altstadt. Sie wird auch „Elfenbeinstadt“ genannt; die Geschichte dieser Schnitzerei wird hier im weltweit einzigen Elfenbeinmuseum gezeigt. Durchlaucht Franz I. zu Erbach-Erbach brachte Ende des 18. Jahrhunderts diese Kunst in den Odenwald, schnitzte selbst und verhalf seinen Untertanen zu einer Arbeit, die auch in kalten Wintern zum Überleben beitrug. Sogar aus Paris und Wien kamen Aufträge, und dieses Odenwälder Handwerk rund um das „weiße Gold“ wird auch noch nach dem Verbot der Einfuhr von Elefanten-Stoßzähnen nun mit fossilem Mammut-Elfenbein und anderem Material fortgesetzt.

Der Name der Stadt stammt vermutlich vom Erdbach – einem geologischen Naturdenkmal – der teils unterirdisch fließt und dessen Wasser an einer Versickerungsstelle 23 Stunden in einem unterirdischen Gangsystem mit Höhlen und Seen verschwindet.

Das mächtige Schloss ist beeindruckend. Hier regierten die Grafen von Erbach-Erbach bis vor rund 200 Jahren die Grafschaft mit den Ämtern Schönberg und König; bis heute leben Nachkommen auf Schloss Erbach und Schloss Fürstenau im Odenwald. Erbprinz Georg Ludwig wurde 1903 als Spross der Seitenlinie zu Erbach-Schönberg in König geboren.

Etzen-Gesäß

Der Name hört sich kurios an, ist aber einleuchtend: In diesem Dorf mit rund 500 Einwohnern, als Stadtteil eingemeindet, waren die Felder und Wiesen, von denen die Grundlagen fürs „Atzen" kam = die Ernährung für die Ein"gesess"enen.

In Etzengesäß gründete die alteingesessene Familie Lien vor 1900 ein Hammerwerk, das, längst erloschen, landwirtschaftliche Geräte produzierte und in die USA exportierte. Von der Bedeutung der Familie kann man sich jedoch angesichts der „Villa Lien" (heute Verwaltungsgebäude der Asklepiosklinik, s. Schlossbergklinik), eines vor der Jahrhundertwende erbauten historistischen Wohnsitzes, und der Familiengrabstätte auf dem Friedhof (s.d.) ein Bild machen.

Die drei Bilder zeigen Angehörige der Familie König aus Etzengesäß. Einer der Königs pflügt in der kleinen Landwirtschaft in den vierziger Jahren, und auf dem Bild mit den drei Frauen ist das Wohnhaus in der Brombachtaler Str. 39.

In dieser Soldatentruppe aus dem Ersten Weltkrieg links unten ist der Maschinenbauer Wilhelm König, der Großvater von Gabi Kunze-König, die mir diese Fotos gab. Sein Tagebucheintrag vom 19.10.18 lautet: „Vorgestern kam mein Gestellungsbefehl zum 2. November. Die Affen!!!“

Fachwerkhäuser

Schwimmbadstraße 8
Dieses große Wohnhaus einer aufgelassenen Hofreite wird heute als Appartementhof für Feriengäste genutzt. Der dreizonige Fachwerkbau von klassizistischer Strenge stammt aus dem Jahr 1818, so steht es auf dem Sims aus Bundsandstein über der Kellertür. 1990 wurde der Fachwerkbau um eine vierte Zone mit einer Erdgeschosslaube nach hinten erweitert. Außerdem kennzeichnen das Krüppelwalmdach und die Verschindelung der Wetterseite das Haus, und es gibt noch vorhandene Teile der Mauereinfriedung des ehemaligen Gehöfts. Städtebaulich liegt die Bedeutung des Hauses in seiner Lage mit der Blickbeziehung zur Altstadt.

Kraft`sches Haus

Dieses giebelständige Fachwerkhaus in der Alexanderstraße 4 von 1680 gilt als das älteste erhaltene Fachwerkhaus in Bad König. Das Erdgeschoss wurde in jüngerer Zeit erneuert, um das Haus zu erhalten. In Obergeschoss und Giebel gibt's hervorragendes Zierfachwerk mit Mannfiguren. In den Brüstungsfeldern sieht man Türken- und Andreaskreuze. Am Eckständer ist die Datierung 1680 zu erkennen, zusammen mit dem Handwerkzeichen der Wagner.

Ehrmann`sches Haus

Das Ehrmann'sche Haus liegt in der Schulstraße 2. Durch seine Ecklage am Schlossplatz ist dieses Fachwerkhaus von 1710 auch städtebaulich ein bedeutendes Fachwerkhaus. Die Jahreszahl findet man im Eckständer; das fränkische Fachwerk ist schlicht, typisch für den Odenwald mit geschosshohen Streben. Auffallend sind ein Andreaskreuz im Obergeschoss im Brüstungsfeld eines Fensters und die klassizistische Haustür.

Mühlstrasse 18

Dieses zweistöckige Wohnhaus einer aufgelassenen Hofreite in städtebaulich wichtiger Lage an der platzartigen Ausweitung der Mühlgasse ist ein völlig unveränderter qualitätvoller Fachwerkbau von 1751. Das Fachwerk hat K-Verstrebungen, eine Sonderform der Mannfigur, im Obergeschoss und an der Giebelseite. Bemerkenswert ist auch der deutliche Stockwerksüberstand und die alte Haustür.

Mühlstrasse 20

Die Datierung dieses zweistöckigen Bauernhauses aus dem Jahre 1738 findet sich auf dem Eckständer. Es zeigt ein schönes Fachwerk und ist auf der Wetterseite verschindelt; bei der jüngsten Renovierung wurde das Fachwerk verändert. Städtebaulich ist das Haus bedeutsam, weil es eine Riegelfunktion im Bauernensemble des Oberdorfes hat. Hier ist der Seniorentreff der Stadt, es wird von der AWO genutzt und beherbergt die Flüchtlingshilfe, auch mit Deutschunterricht für Migranten.

Familiennamen und Berufe

der Kinnicher im 18. Jahrhundert – eine kleine Auswahl:

Die häufigsten Namen waren Schäfer und Koch, dann Horn und der sonst ungewöhnliche, hier (bis heute) besonders verbreitete Kunkelmann (Kuckelmann, Gunckelmann, Gunkelmann).

Erstaunlich: Meine Gastgeber Kunkelmann im „Haus Fernblick" berichten, es gäbe etwa zwanzig Einträge ihres Namens im Telefonbuch – aber auch, dass sie vom Schwarzwald bis in die USA auf Namensvettern gestoßen seien, jedoch noch nie auf jemanden, dessen Herkunft nicht aus Bad König war.

Nebenbei: Im Krimi „Der Seelensammler vom Odenwald" vom Ex-Kinnicher Michel Lang heißt der Kommissar natürlich: Kunkelmann.

Viele der Berufe lassen sich an den Nachnamen ablesen. Natürlich gibt es: Bauer, Jäger, Knecht, Müller, Schmied. Hier einige, die doch unmittelbar die Phantasie anregen, wie und wovon sie gelebt haben:

Ackersmann, Aschenbrenner, Beisaß, Bettelvogt (= Ortspolizist), Centmann (= Mitglied der bewaffneten Centmannschaft), Dragoner, Frauenzimmerschneider (=Damenschneider), Fruchthüter (=Feldhüter), Gerber, Harzbrenner, Holzhauer, Kanzleibote, Kohlbrenner (=Köhler), Kornhüter, Küfer, Läutknecht (=Glöckner), Rotgerber, Schweinehirt, Strumpfweber, Taglöhner, Wollenspinner, Ziegler.

Im Übrigen waren die wichtigsten Berufe in König im 19. Jahrhundert Elfenbeindreher und solche in der Tabakindustrie. Und im munter erzählten „Odenwald-Heimatbuch" von den Steigers (s. Paperback) finden sich noch: Äwwerholder – Eberhalter, Bäsebinner – Reisigbesenbinder, Brunnebuzzer – Brunnenreiniger, Gloggeleirrer – Glöckner, Rinneglobber – Rindenklopfer, Sensedängler – Sensenschärfer und Saischneirrer – Schweinebeschneider.

Und heute noch gibt's: Weißbinner – Maler, Kinnergordedonnde – Erzieherin und neuerdings den Eiti-Honnes – Computerfachmann.

Feuerwehr

Freiwillige Feuerwehren gibt's überall. Auch die Geschichten vom Blitzschlag bis zur Serie von Brandanschlägen, von verunglückten Kindern und Autounfällen – bis zum Alarm für einen Brand in der Mikrowelle – gleichen sich. Aber ich behaupte: Die Feuerwehr in Bad König ist was ganz Besonderes. 1880 gegründet, ist sie in der Gesellschaft tief verwurzelt.

Ist dieser Fremdkörper mitten in der Stadt Futurismus? Oder gar geschmackvoll? Jedenfalls sind die Feuerwehrleute stolz drauf.

Wenn die Alters- und Ehrenabteilung sich beim Adlerwirt zum Veteranentreffen einfindet, sorgt der Munterste in der Runde dafür, dass es lustig wird: Georg Lautenschläger. Er ist Jahrgang 1929, steckt voller Erlebnisse und Geschichten und kann alleine jede Versammlung unterhalten. (29 war übrigens ein fruchtbarer Jahrgang, seine Altersgenossen reichen von Harald Juhnke bis James Last, von Hans Magnus Enzensberger bis Jürgen Habermas.)

Wie er zur Feuerwehr kam? 1943 war die Mitgliedschaft in der Feuerwehr für die ganze Schulklasse Pflicht. Bildhaft schildert der Schorsch, wie die Amis ihre Phosphorbomben runterwarfen und sie gemeinsam mit Klatschen die Feuer ausschlugen. Und als er mit 18 seinen Führerschein machte, fuhr er das Feuerwehrauto zu zahllosen Einsätzen. Heute ist er der Älteste in der Runde – von sage und schreibe 600 passiven Mitgliedern. (Und der alte Herr singt weiterhin im Liederkranz – s. d.) Und je rund ein halbes Hundert Aktive sowie Jugend- und Mini-Feuerwehrnachwuchs gehören zur Gemeinschaft – berichtet der Vorsitzende Günther Kräuter, ein großer Kerl mit rasiertem Schädel, dem man die Kraft für Rettungseinsätze ansieht. In Hollywood könnte er fast als Double von Yul Brynner mitspielen – mitten in König hat er, standhaft gegen die üblichen gesichtslosen Supermärkte, einen wunderbaren Tante-Emma-Spar-Laden mit Kiosk und Lotto, wo es fast alles gibt (s. Service).

Früher war es für junge Männer eine Selbstverständlichkeit, zur Feuerwehr zu gehen – sie war der Mittelpunkt des gesellschaftlichen Lebens, Mitglieder fuhren auch mal zusammen nach Mallorca –, wie Ilse Balles es formuliert: „Es gab ja nix Anneres, mer hebbe jo nix gewusst von de Welt.“

Fischerei

Es gibt etwa zwanzig Fischarten in der Mümling, von Aalen und Aiteln über Karpfen und Kaulbarsche bis Rotaugen, Stichlinge und Zander.

Von 2014 bis 2017 wurden fast 50000 kleine Äschen – gut 10 cm – in der Mümling ausgesetzt; sie sind eine gefährdete Art, der Leitfisch der Region, und gehören zu den lachsartigen Salmoniden. Wer sie erkennen will: Sie sind bunt, haben eine große Rückenflosse, die größten werden fast 40 cm lang und fast ein Pfund schwer – und sie riechen ein wenig nach Thymian.

Ein Schlaglicht aus der Geschichte im Hauptfanggebiet der markgräflichen Fischereiverwaltung des Pächters Karl Schnauber II.: Fangergebnisse 1907/8 in Pfund: 37,5 Forellen, 33,25 Äschen, 15,75 Hechte, 1,5 Aale, 19,5 Weißfische.

Zur Förderung des Fremdenverkehrs pachtete die Gemeinde König 1939 die Mümling – zehn Fischereiberechtigungsscheine wurden für 1 Mark ausgestellt.

Flut

Der 19. Mai 1953 sitzt tief im kollektiven Gedächtnis der Kinnicher – denn an diesem Tag „zog ein Gewitter herauf, das sich zu einem

Unwetter entwickelte, wie es unser Gebiet seit Menschengedenken nicht erlebt hat. Ungeheuer groß waren die Schäden, insbesondere in Bad König, dem Zentrum des schweren Unglücks. Alle Anlagen im Kurgarten waren zerstört. Die Bänke mussten im Wiesengrund zusammengesucht werden. Viele Tage wurden gebraucht, von den Straßen, aus den Häusern und ihren Kellern den angeschwemmten Sand, Dreck und Unrat wieder zu beseitigen …“ Frei zitiert nach dem bebilderten Heft „Als die Flut kam …“, das der Heimat- und Geschichtsverein 1983 veröffentlichte.

Viel früher gab es bereits eine andere „große Wasserflut“: „1732 verwüstete ein gewaltiges Unwetter weite Teile des Franken- und Hessenlandes. In Erbach riss die Flutwelle mehrere Brücken und Häuser weg, wobei vier Personen ertranken ...“.

Freilichtbühne

Mitten in der Altstadt, im Rücken der Rentmeisterei, wurde (hier) 1985 aus alten Brückensteinen ein wunderbares Amphitheater mit 500 Plätzen gebaut. Wie der Name es sagt: „amphi“ = auf allen Seiten, mit „theatron“.

Ein früherer Stadtverordneter soll vom „Amphibientheater“ gesprochen haben … Wohl kaum wegen eines Froschkonzerts.

Es gibt alle erdenklichen Arten von Musikveranstaltungen und natürlich Theater. So etwas ist mit öffentlichen Mitteln nicht zu unterhalten; der Förderkreis Freilichtbühne hat 160 Mitglieder, zwei Dutzend sind aktiv bei der jährlichen Programmgestaltung und dem Auf- und Abbau für die Veranstaltungen.

Friedhof

Das absolut Besondere ist die über tausendjährige alte Friedhofs-Kapelle (s. d.). Neben ihr die Grabstätte von Auguste Caroline Gräfin zu Erbach-Schönberg (1758-1815) steht unter Denkmalschutz. Sie ist die einzige des Geschlechts, das lange in dieser Region herrschte, die hier beerdigt wurde.

Ein stattliches Grabmal gilt dem Entdecker Carl Weyprecht (s.d.), dessen Vater Kammerdirektor des Grafen war und der ausdrücklich in Bad König beigesetzt werden wollte.

In der Familiengrabstätte der Familie Lien (s.Vil-

la Lien) steht in einer Nische aus schwarzem Marmor eine trauernde Frauengestalt, die in der linken Hand einen Kranz aus Rosen trägt, dem Symbol der Liebe.

Der Judenfriedhof, mit sieben Grabsteinen mit hebräischer Schrift, wurde nur von 1926 bis 1934 genutzt.

Und „S'Lejbsche" – das Löwchen – ist ein kurioses Kriegerdenkmal für die Toten des Krieges von 1870/71, das 1912 am Platz vor dem Schloss eingeweiht wurde. Es verkam, Pferde und Kühe tranken aus der Brunnenschale, am Sandstein wurden Sensen geschärft, Kinder ritten auf dem niedlichen Löwen. Um es zu retten und zu restaurieren, wurde es hier auf den Friedhof versetzt

Galgenberg

Fürs historische Kino im Kopf:

Zur Abschreckung an der Markungsgrenze war der Galgen weithin sichtbar – wie überall kamen die Kinnicher zur gruseligen Show. Die Hingerichteten blieben oft lange Zeit sichtbar hängen. Später erfand übrigens Herr Guillotin die nach ihm benannte Apparatur, um den Verurteilten die Qualen der Hinrichtung zu ersparen und die Todesstrafe humaner und gerechter zu gestalten.

Geschichte im Geschwindgang

Frühgeschichte

Was sich so alles im Untergrund der Landschaft finden lässt, stammt aus der Frühgeschichte. Machen wir entlang der Daten aus dem „Heimatbuch" einen Geschwindgang.

Wir nehmen hier die Jahreszahlen nicht so genau, runden gerne auf und ab, damit man eine grobe Vorstellung bekommt und sich's besser merken kann.

Durch hohe Temperaturen und Druck im Karbon, also vor mehr oder weniger 300 Millionen Jahren, entstanden Schiefer, Quarzit, Marmor und Gneis. Im Perm, 50 Millionen Jahre später, kam es zur Ablagerung von Dolomit, Mangan, Brauneisen und Kupfererzen – die Grundlage für intensiven Bergbau. Und wieder 50 Millionen Jahre später in der Trias lagerten sich im Odenwald bei wüstenhaftem Klima in der Epoche des Buntsandsteins (= Untere Trias) unterschiedliche Sandsteinschichten ab – ein gut zu bearbeitendes Baumaterial. 50 Millionen Jahre weiter in der Formation des Jura gab es hier ein großes Binnenmeer, in dem sich Kalke und Tone ablagerten – nützlich für Ziegelsteinherstellung zum Hausbau.

Erst rund 120 Millionen Jahre später, im Miozän (= Mittleres Tertiär) und vor allem im Pliozän vor etwa zehn Millionen Jahren, floss das Meer ab, da das Gebiet des heutigen Odenwaldes sich im Verbund mit dem heutigen Schwarzwald rechtsrheinisch und dem Pfälzer Wald und den Vogesen linksrheinisch zu heben begann und zum Gebirge wurde, dessen Scheitel als Oberrheinischer Grabenbruch einzubrechen begann. Infolge dieser mitteleuropäischen großtektonischen Ereignisse, die nach wie vor andauern, bildete sich in unserem Raum als Begleiterscheinung der Erbach-Michelstädter Graben. Und in Bad König entstand das sogenannte Stahlwasser.

In der Eiszeit vor einer Million bis etwa vor 15 000 Jahren wurde durch Stürme Staub aus den Schotter- und Sanderflächen des Periglazialbereiches über das Land geweht, der sich als Lehm und Löss in Becken und Buchten ablagerte und, verbunden mit verwittertem Sandstein aus der Epoche des Buntsandsteins, zur Grundlage für die reichhaltigen Quellen und die Landwirtschaft wurde. Vor 100 000 Jahren ab der Altsteinzeit entwickelten sich erste Gräser und Wiesen, ab 10 000 Jahren v. C. die ersten Bäume. Im lichten Wald aus Birken, Espen und Kiefern lebten Ren, Vielfraß, Moschusochse und Mammut. Und danach in der Mittelsteinzeit entstand Eichenmischwald mit Ren und Wildschwein, Hirsch, Reh, Wisent, Dachs und Bär.

Übrigens: Flur- und Straßenbezeichnungen wie Ziegelhütte, In der Lettgrube, Am Sandberg, In der Hohl oder Am roten Rain sind sprechende Namen, die ihren Ursprung in den geologischen Verhältnissen haben; wir müssen sie nur richtig lesen können.

Vorgeschichte

Vom ersten Auftreten des Menschen in unserer Gegend, in der Jungsteinzeit, vor sechs- bis viertausend Jahren, kündigen Bodenfunde; nun vollzog sich der Übergang vom Nomadentum zur Sesshaftigkeit.

„Der Älteste Darmstädter, das Skelett eines in der typischen Hockerstellung beigesetzten jungen Mannes, wurde 1926 gefunden und wird der Glockenbecherkultur zugeordnet, die ab 2000 v. C. durch Funde im Darmstädter Raum zu belegen ist." So das Zitat aus Wikipedia. Stimmt nicht, das war kein Darmstädter, der war fast aus Kinnich! Der Typ ist zwar im Darmstädter Museum untergebracht, aber er wurde im Höchster Ortsteil Hummetroth in der Nähe der Haselburg gefunden – die Einheimischen nannten ihn Hutzi.

Er gehörte zu einem Volk, das aus dem Donaubecken eingewandert war und hier – bereits mit einem Rind vor dem Pflug – ersten Ackerbau betrieb. Wie bei Asterix hatten die Karren Vollscheibenräder, die Tier weideten „total biologisch" in Eichen und Buchenwäldern, die Hütten waren aus Holz und Lehm, und unsere Vorfahren konnten schon spinnen, weben, töpfern, auch Steine schleifen und durchbohren. Aus dieser Zeit um 2000 v. C. wurde „im Eichels", einem Wald in der Nähe, jenseits der Mümling (also links von ihr), ein Axthammer mit nach unten gezogener Schneide gefunden. Und aus der Bronzezeit, 1600 bis 800 v. C., stammt ein Hünengrab „im Eichels".

Vielerlei Vorkommen aus der Hallstattzeit, der ältesten Stufe der Eisenzeit, 800-500 v. C., belegen, dass im Kinzigtal Bronzegießer lebten.

Von den Römern bis zum „Bad"

Das komplizierte Hin und Her, wann was zu wem gehörte, kann sich ja eh niemand merken. Für König machen wir's kurz:

In den zweihundert Jahren römischer Zeit diesseits des Limes lebte hier ein Bauernvolk, gemischt aus Kelten und Germanen.
Ein Vierteljahrtausend n. C. vertrieben die Alemannen die Römer.
Um 500 verhauten wiederum die Franken die Alemannen. Die Christianisierung schritt voran.
Und wiederum ein Vierteljahrtausend später kamen die Karolinger an die Macht; Kirche und Klöster bekamen das Sagen.
Von König Pippin wurde das Gebiet 766 ans Kloster Fulda verschenkt.
1012 kam es zum Kloster Lorsch, wenig später zum Erzbistum Mainz.
1477 wurde es ans Haus Erbach verkauft und dessen Amtssitz.
1806 schließlich gehört es mit Erbach zum Großherzogtum Hessen-Darmstadt und ist seither hessisch.
1948 wurde der Gemeinde offiziell die Bezeichnung „Bad König" verliehen.

Gumpersberg

Bis heute passt es den Gumpersbergern nicht, dass sie keine Gemeinde, nicht mal ein Ortsteil – sondern ein Flecken von Ober-Kinzig (s. d.) sind (mit gut 70 Einwohnern). Hier gibt's gleich zwei beachtenswerte Gebäude – besser: Häuschen.

Wenn man von oben, vom Wanderweg, auf Gumpersberg schaut, fällt ein besonderes Dach auf. Es hat die Anmutung wie ein Wigwam der

Indianer, ist mit kanadischer Zeder gedeckt – also leicht anstelle von schwerem Schiefer -, mit einem Abzug in der Spitze, wie es sich gehört.

Unten hängen tatsächlich offener Kamin und Kachelofen dran, damit man das ganze Haus mit Holz heizen kann, durch Schlitze steigt die Wärme nach oben. Es wurde schon 1980 nach modernsten Maßstäben gebaut; die Lichtverhältnisse lassen bei tiefstehender Sonne im Winter viel Licht hinein, im Sommer schützen kleine Gauben vor hochstehender Sonne. Heidemarie Suhr und ihr Mann Werner Ziegs leben hier und haben nebenan dazu einen wunderschönen Garten eingerichtet, mit einem Gewächshaus als Schmuckstück.

Und das denkmalgeschützte Tagelöhnerhäuschen stammt von etwa 1800, es liegt an der „Straße" Tannenkopf. Und dieser wiederum ist ordentliche 388 Meter hoch.

Handwerk

Ein Schlaglicht: Bis Mitte des 20. Jahrhunderts lässt sich das Handwerk in der Gemeinde folgendermaßen in Sparten und Zahlen gliedern (nach dem großartigen Heimatbuch, das vieles über all die Berufe erzählt):

A. Bekleidung
87 Leineweber, 79 Tuchmacher, 31 Schönfärber, Tuchweber, Wollweber, Wollspinner, Strumpfweber, Wollknüpfer und Baumwollweber, 143 Schneider(innen), 169 Schuhmacher — Sa. 509

B. Bauhandwerk
96 Maurer, 20 Steinhauer, 45 Weißbinder, 65 Zimmerleute, 13 Ziegler, 14 Glaser, 40 Schlosser, 15 Spengler, 6 Elektriker — Sa. 314

C. Gebrauchsgegenstände
66 Schmiede, 61 Schreiner, 26 Wagner, 21 Küfer, 157 Dreher, 13 Schachtelmacher, 21 Sattler, 3 Gerber, 5 Häfner, 7 Uhrmacher — Sa. 380

D. Nahrung
60 Müller, 76 Bäcker, 43 Metzger — Sa. 179

Sa. 1.382

Haselburg

Liebevoll, anschaulich, fast rührend ist der kleine Modell-Nachbau der römischen „Villa Haselburg“ auf ihrem Gelände. Man muss kein Kenner der Geschichte sein, um von dieser Anlage beeindruckt zu werden.

Dieses römische Landgut unweit von Ober-Kinzig auf Höchster Gebiet stammt aus dem 2. Jahrhundert n. C. und war bis zur Aufgabe des Limes im Jahr 260 bewohnt. Die Überreste von Herrenhaus mit Wirtschaftstrakt, Badehaus, Jupiterheiligtum und weitere Ruinen liegen landschaftlich großartig auf einer Hochfläche mit traumhafter Aussicht. Der Blick geht bis nach Baden-Württemberg und in den bayrischen Spessart. Und im Infozentrum veranschaulicht eine tolle Ausstellung mit Wandtafeln, 3D-Rekonstruktionen und inszenierten Götter-Darstellungen das Leben der Römer.

Heimatlied

von Karl Schäfer

O stilles Dorf im Kranz der Berge,
im Schmuck des Landes hold und schlicht.
Du liegst im grünen Mümlingtale
vor mir, so schön wie ein Gedicht.

In weiteren Strophen duften die Blüten, die Lerche jubelt, die Bächlein murmeln und die Früchte lachen den Wandrer an. Bis zur letzten:

Auf dir, o König, ruht ein Schimmer,
die Heilkraft deiner Quelle rinnt.
Du bleibst in deiner Anmut Frieden
des Odenwaldes schönstes Kind.

Schön, gell?

Heimatmuseum

Auf den ersten Blick ist dieses „Museum“ eine große Ansammlung von Krusch. Aber je mehr man sich auf die Details einlässt –, desto größer wird das Erstaunen, welch originelle, oft einmalige Exponate hier versammelt sind. Vorweg gesagt sei also: Dieses Museum braucht dringend größere Räume, damit die einzelnen Themen den erforderlichen Platz bekommen, um für uns Nachgeborene – und die nächsten Generationen – das Leben unserer Vorfahren so lehrreich wie empathisch schildern zu können.

Allein die diversen Werkzeuge und Erzeugnisse der handwerklichen Berufe bieten verblüffende Einblicke in Arbeit und Leben – jeder davon braucht eine eigene Abteilung: Wagner, Schmiede, Besenbinder, Korbflechter, dazu Sattler- und Schusterwerkstatt. Nicht zuletzt die Dreher mit ihren Materialien: Elfenbein, Horn, Bernstein und Holz. Mit ausreichend Raum könnten diese Sammlungen – systematisch ergänzt – zu einem eigenständigen Handwerksmuseum ausgebaut werden, das weit über Bad König hinaus attraktiv sein würde. Ein Webstuhl, eine historische Backstube und der Teil einer Gastwirtschaft sind weitere Ausgangspunkte, die erweitert werden könnten. Zahlreiche Exponate dokumentieren das einstige Hebammenwesen. Die frühere Imkerei (alte Bienenkörbe und Schleudern) lässt sich angesichts des in den Medien gehypten Bienensterbens besser begreifen. Und das Gewerbe der Zigarrenmacher wird lebendig, die wunderbaren Pfeifen sind kunstvollste Handarbeit. Haushaltsgeräte und ein Kirchturmuhrwerk lassen staunen. Ein Modell veranschaulicht die Arbeitsweise der ehemaligen Ölmühle in Bad König. Nicht zuletzt: Hier gibt es eine weit und breit ganz einmalige Sammlung von Mausefallen. (Ich habe ihn quasi mit König verlinkt und erlaube mir, auf die Sammlung von Karl von Puttkamer in Gnutz und sein Büchlein „Der Mäusemörder" hinzuweisen.) In jüngster Zeit entstand zudem eine stattliche Sammlung historischer Fotoapparate – das besondere Hobby des Fotografen Reinhold Veit, dem auch dieses Buch zahlreiche Bilder verdankt. Wer ihm beim Ausbau helfen will – nur zu! (s. a. Kondomautomat)

Foto-
Ecke

Wilpert's
Bäckerladen

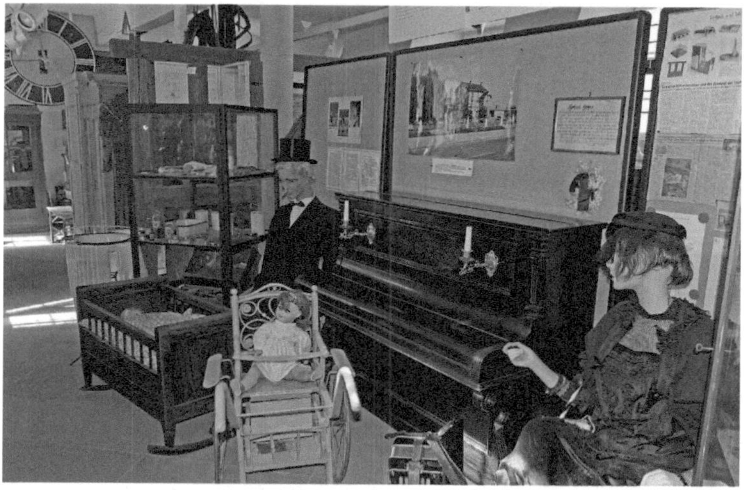

Heimatverein

Sonntagmorgens, wenn das Museum geöffnet ist, trifft sich hier der Kern des Heimatvereins zum munteren Austausch. Gäste sind willkommen – es gibt einen hervorragenden Kaffee. 1980 gegründet, hat er 125 Mitglieder; der harte Kern sind ein Dutzend Aktive. Dazu gehört eins der ersten Mitglieder, Katharina Haase; die Schneidermeisterin – in einem ausnehmend geschmackvollen Poncho – weiß einfach alles über die Stadt, bis in die Familienverhältnisse ...

Übrigens: Ich finde, für die sieben Euro im Jahr sollte doch jeder Königer im Heimatverein Mitglied sein. Hier ist der Mittelpunkt Eurer Geschichte und Gegenwart. Wenn Ihr dies lest, Kinnicher, geht in Euch. Jetzt einfach eintreten: mail: hgv-badkoenig.de.

Hochzeit

Wogende Felder, grünende Wiesen,
Waldige Berge sonnig umklärt,
Unten im Thale nahe dem Bächlein
Bied'rer Bewohner friedlicher Heerd.
Odenwalds Kinder lieben das Heimathland,
Fesseln sich gerne an innig treuem Band.
Hört es aufs Neue, wie einst die Ahnen auch:
Treue um Treue bis zu dem letzten Hauch.

Die dritte Strophe eines Gedichts zu Ehren der Hochzeit der Prinzessin Marie Karoline von Battenberg mit dem Grafen Gustav Ernst zu Erbach-Schönberg, der 1903 in den Fürstenstand erhoben wurde und dank der Verwandtschaft seiner Frau mit Queen Victoria und Zar Alexander II. in Beziehung stand. Es wurde 1871 in Bad König gedruckt.

Horn, Rebecca

Weltweit berühmt, lebt – nach vielen Jahren in New York, auch in Berlin – zurückgezogen im Stadtteil Zell die 1944 in Michelstadt geborene Rebecca Horn. Auch wenn Ihre Avantgarde-Kunst sicherlich schwer zu verstehen ist – stolz auf die so bedeutende Mitbürgerin sind die Königer durchaus.

Wikipedia: „Ihre Arbeit bewegt sich oftmals im Grenzbereich verschiedener künstlerischer Disziplinen und umfasst Installationen, Performances, skulpturale Raum-Installationen, kinetische Objekte, poetische Texte, Film und Zeichnung. Rebecca Horn gilt international als eine der profiliertesten deutschen Künstlerinnen. ... Horn stellte mehrere Male auf der Documenta in Kassel aus und wurde mit wichtigen Kunstpreisen ausgezeichnet. So wurde sie 1992 als erste Frau Trägerin des Kaiserrings von Goslar. Seit 1993 ist Rebecca Horn Mitglied der Akademie der Künste in Berlin. Dort ist ihre Rauminstallation „Die drei Grazien“ in den drei Lichtkuppeln der Wandelhalle des Bundesrats seit dem Umzug der Institution und der Wiedereröffnung des Gebäudes im September 2000 Teil der künstlerischen Neugestaltung des früheren Preußischen Herrenhauses.“

Nicht von Rebecca Horn, sondern unweit von der gleichaltrigen Künstlerin Linde Christine Ottasek findet sich in Zell dieser große bunte Ball – der sich von der anderen Seite als Sessel entpuppt.

Hügelgräber

Es gibt ein Büchlein von Thomas Seifert über „Die Hügelgräber auf der Mönchshöhe“, in dem der frühere Staatsanwalt und langjährige Stadtverordnetenvorsteher von den Fundstücken und der Geschichte der „Hinkelsgräber“ berichtet, die ihn schon in der Kindheit faszinierten. Die Datierung der Hügelgräber liegt laut Seifert in der Bronze- oder der folgenden Eisenzeit, also etwa zwischen 800 bis 400 vor Christus.

Wenn man mit diesem engagierten Ureinwohner über die Dörfer fährt, entsteht ein breites Panoptikum aus Geschichte und Gegenwart – er weiß einfach alles. (Er widerspricht meinem Eindruck vonwegen Ur-, er sei erst als Zehnjähriger hergezogen, als sein Vater hier Lehrer wurde. Aber ja, vernarrt in die Gegend sei er durchaus.)

Jubel

„Ende Juni 1871 kam nun mein erster Aufenthalt in Schloß König, Gustavs Besitz im Odenwald. Dieses, ein großer, gelber ‚Kasten‘, wie wir ihn liebend nannten, liegt mit seinem ziemlich umfangreichen Komplex von Nebengebäuden, worin Beamte wohnen, dicht an der Kirche, mitten im Marktflecken …“, schrieb Marie, Fürstin und Gräfin zu Erbach-Schönberg, die auch Schriftstellerin war.

Und über den Einzug in König an ihren Vater: „Kurz vor Höchst fanden wir unseren Galawagen sowie 75 Ehrenreiter und eine Musikbande zu Pferde, die uns von nun ab das Geleit gaben. An einer Ehrenpforte in Höchst hatten sich die Großherzoglichen und Erbachschen Beamten eingefunden, sowie der geistliche des Ortes, der Lehrer und die Schuljugend. Von Höchst bis König, eineinhalb Stunden lang, fuhren wir nun im Schritt in einem feierlichen, sehr originellen Zug. Voran die Reiter in Odenwälder Tracht je zwei und zwei, die vordersten mit Trompeten, dann die Musik zu Pferde, Gesangvereine mit ihren Fahnen zu Fuß, hierauf wir im Galawagen mit zwei Schlagreitern, und hinter uns in langer Reihe etwa dreißig bis vierzig Fuhrwerke aller Art, meistens grünbelaubt und gefüllt mit Beamten, Forstschützen, Geistlichen und deren Frauen, Leiterwagen voll Schuljugend, Bauern aus nah und fern, alles festlich geschmückt, dazu die Chaussee schwarz von jubelnden Menschen, die sich alle unsrem Zug anschlossen. ... In König war die Begeisterung grenzenlos; die alten Leute weinten vor Freude, und von allen Seiten überschüttete man uns mit Blumen. ... Es ist schön, die Frau eines Mannes zu sein, der so geliebt wird wie Gustav, um dessentwillen mir die treuen Odenwälder solche herzliche Liebe entgegenbringen."

Ihr Mann Graf Gustav, 1903 in den hessischen Fürstenstand erhoben, war verwandt mit Queen Victoria und Zar Alexander II. Maries Bruder Alexander war seit 1879 Fürst von Bulgarien.

Kaninchen

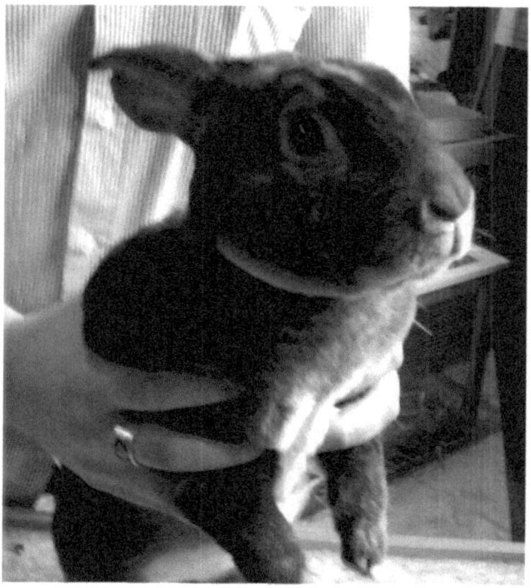

Rund hundert Rassen in 400 Farbschlägen werden in 5000 Vereinen gezüchtet – für Laien unvorstellbar. Aber es macht einen Riesenspaß, die so aufgeweckten Langohren zu studieren – und dem Gezappel wie der Kraftanstrengung zuzuschauen, wenn eins davon dem Publikum vorgeführt wird.

Der Kawenzmann hier ist ein Castor Rex.

Und der hier ist der Schönste.

Dies nun ist mal nichts Ungewöhnliches – aber halt: Für den laienhaften Besucher eben doch: In drei langen Reihen, mehrfach übereinander – buchstäblich Kaninchen über Kaninchen – werden über hundert Käfige beim Ortstreff an einem Wochenende in der Turnhalle Bad König ausgestellt.

Sollten wir nicht von ihnen Solidariät lernen – und die Mitmenschen vor Gefahren warnen, indem wir heftig auf den Boden klopfen?

Kapelle

Der karolingische Kernbau der Friedhofskapelle stammt vom Beginn des 9. Jahrhunderts und ist, nach der Basilika in Michelstadt, der zweitälteste Kirchenbau im Odenwald.

Sie war wohl ein Kirchlein im Eigenbesitz, steht jetzt am Friedhof, der jedoch erst im 18. Jahrhundert hier angelegt wurde. Die liebenswürdige Kapelle besteht aus Gemeinderaum, Kirchenraum und Chor – und vermittelt, wenn man sich hinsetzt und sie auf sich wirken lässt, eine eigenartige, fast mystische Atmosphäre.

Die Wandmalereien mit böhmischen Einflüssen aus der Zeit um 1400 sind in der Region einmalig. Sie zeigen den Passionszyklus und je sieben weibliche und männliche Heilige. Heidi Hoffmann (s. Villa Lien), Mitglied im Heimatverein und Kunsthistorikerin, kann faszinierend bis ins Detail die Bedeutungen der Bilder

erläutern, auch architektonische Details wie einen zugemauerten alten Eingang, ein absurd wirkendes kleines Rundbogenfenster und das Schulterportal von 1514 – der Laie schaut und staunt. Und mag sich vorstellen, wie die Bevölkerung Frondienste leistete … und vielleicht Ludwig der Fromme, der Sohn Karls des Großen, hier vorbeikam?

Kelten

Jahrhunderte vor Christi Geburt durchzogen Kelten weite Teile Europas. Kann man Handel treiben ohne Schrift? Kann man Erze fördern, ohne in Steinhäusern zu wohnen? Von den Kelten gibt es keine schriftlichen Quellen, keine Bauwerke – vieles jedoch berichteten die Römer. Keltische Spuren finden sich immer in der Nähe wichtiger Erzvorkommen und an Verkehrswegen. Während die Forschung heute uneins ist, ob die Römer den Odenwald unbesiedelt vorfanden oder ob es hier Kelten gab, liegt die Vermutung nahe, dass es bei dem Odenwälder Erzreichtum sicherlich keltische Bergwerke mit Siedlungen gegeben haben muss. Und es gibt Funde: ein Hockergrab, das unter der Villa Haselburg (s. d.) gefunden wurde, Werkzeugfunde aus dem Kinzigtal, Grabhügel im Mümlingtal.

Als um 100 v. C. Germanen eindrangen, legten die Kelten auf Bergkuppen Fliehburgen an, mit Steinwällen. Auf dem Tannenkopf bei Gumpersberg (s. d.) gibt es unnatürliche Bodenerhebungen – hier könnte eine keltische Anlage gewesen sein. Die Kelten waren schon früh ziemlich pfiffig und standen auf einer hohen Kulturstufe – mit Pferden, Weiden und Äckern, mit Roggen und Hafer. Und sie waren bereits Eisenschmelzer, Eisengießer und Schmiede (das Erz gab es hier in der Region) und stellten Tongefäße guter Qualität her, mit geometrischen Mustern verziert.

Aber wenn böse Römer auftauchten, ging es nicht gemütlich zu: „Den gefallenen Feinden schlagen sie die Köpfe ab und hängen sie am Hals ihrer Pferde auf; die blutigen Waffen aber geben sie ihren Dienern und lassen sie als Beute unter Kriegsgeschrei und Triumphgesängen tragen. Zu Hause nageln sie dann diese Ehrenzeichen an die Wand, so, als hätten sie auf der Jagd ein Wild erlegt."

So beschreibt der griechische Historiker Diodor im 1. Jahrhundert v. C. den Brauch von Völkern, „deren Rohheit und unerhörte Gottlosigkeit" seine Zeitgenossen in Furcht und Schrecken versetzten: die Kelten. Sie hatten schließlich um 390 v. C. herum Rom eingenommen, ein Jahrhundert später das berühmte Orakel von Delphi geplündert und sogar als Galater in Kleinasien ein Reich errichtet.

Dass es sich bei derartigen Berichten keineswegs um Schauermärchen handelte, beweisen Funde in Frankreich.

Die ältesten Fluss- und Ortsnamen im Odenwald sind keltischen Ursprungs. Zu Beginn des 9. Jahrhunderts finden sich Cunticha und Quinticha, die ersten Erwähnungen von König, zusammengesetzt aus „Kent“ oder „Quint“ = eilend, jagend, und „Acha“ = Bach auf Germanisch.

Kimbach

Das Dorf, jetzt Ortsteil, mit rund 450 Einwohnern, liegt in einem Seitental, drei Berge rundum sind um die vierhundert Meter hoch.

Das Quellwasser des Kimbachs fließt vom „Bachspring“ sieben Kilometer bis zur Mündung in die Mümling. Noch vor weniger als hundert Jahren trieb er fünf Mühlen an (s. d.).

In der Volkskunde ist Kimbach für ganz anderes berühmt: Hier wurden Erdspiegel gefunden, die aus sechs Papierscheiben bestehen und Beispiele sind für den Aberglauben vergangener Jahrhunderte. Sie wurden zauberfähig gemacht, indem man sie einer Leiche vor das Gesicht hielt; nur Sonntagskinder konnten verborgene Dinge in diesen „Spiegeln“ schauen. Sie wurden auch zum Wahrsagen verwendet und für die Schatzsuche.

Kinzig, Ober-, Mittel- und Nieder-

Ober-Kinzig ist, wie Etzen-Gesäß und Nieder-Kinzig auch, ein Stadtteil mit eigenem Ortsbeirat und Ortsvorsteher. Sie liegen am sechs Kilometer langen Bach Kinzig, der durch ein Seitental der Mümling fließt.

Mittel-Kinzig und Teile von Ober-Kinzig gehörten früher zur Kurpfalz, die hier im Odenwald einiges an Land hatte; wahrscheinlich waren die Pfalzgrafen als Vögte des Klosters Fulda nach Groß-Umstadt gekommen und besaßen mit dem Otzberg einen festen Stützpunkt; auch Lindenfels war pfälzisches Gebiet, außerdem gab es Streubesitz, darunter eben Mittel-Kinzig mit den an der Straße von Nieder-Kinzig nach Kirch-Brombach liegenden Pfälzer Höfen.

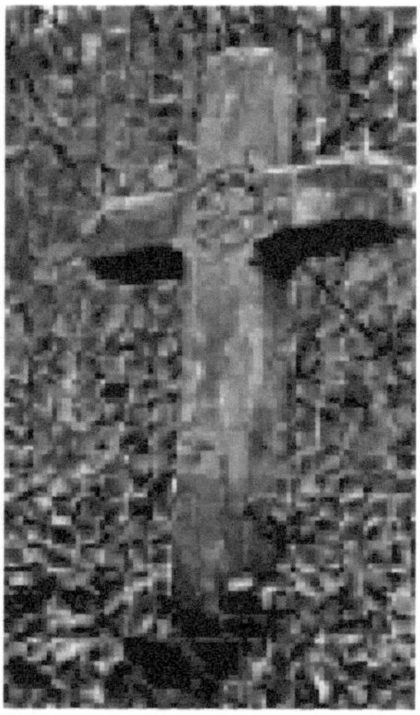

Das Spinnmädchenkreuz in Ober-Kinzig ist 175 Zentimeter hoch.

Stolz sind die Kinziger auf ihre gemeinsame Einsatzabteilung der Feuerwehr im Kinzigtal mit Wehren von Etzen-Gesäß, Nieder-Kinzig und Ober-Kinzig; seit Jahren baut die Stadt an einem gemeinsamen Feuerwehrhaus für die drei Stadtteile – es will und will einfach nicht fertig werden. Übrigens ebenso wie die Neidig-Halle, die durch Nässe und Pilze vergammelte – sie liegt traumhaft schön am Boulodrome (s. Boule).

Nieder-Kinzig war früher eine Handball-Hochburg. Die Halle wird heute vor allem von der Gymnastikgruppe der Sportgemeinschaft, vulgo: dem Damensportverein, genutzt, auch für Kinderturnen, außerdem ist sie Veranstaltungsort für Dorffeste, zum Beispiel für das vom NABU am 1. Mai veranstaltete Fest mit Vogelstimmenwanderung und Erbsensuppe.

Und es fällt das alte Schulhaus an der Hauptstraße ins Auge, ein schöner Sandsteinbau mit Glockentürmchen, das Mauerwerk mit wildem Wein bewachsen; hier ist heute ein Kindergarten untergebracht.

Kitsch as Kitsch can

Hat Bad König diese Art von Klischeewerbung nötig?

„Genießen Sie die reine Luft“, und in der Therme: „Hier fällt der Stress des Alltags von Ihren Schultern.“ „Auch die Kultur kommt in Bad König nicht zu kurz“, wer hätte das gedacht, denn „es ist das beste Beispiel dafür, wie Tradition und Moderne eindrucksvoll miteinander harmonisieren. Das idyllisch gelegene Odenwaldstädtchen gestaltet sich heute als charmanter, vielseitiger Gesundheits-, Erholungs- und Erlebnisort der besonderen Art. Verträumt eingebettet im grünen Mümlingtal …“ Pfft.

Es „gestaltet sich“ also in dem „Städtchen mit Flair“. Und es gibt „historische Hinterlassenschaften“. Was für ein Deutsch! Weiter geht's: „Sie finden eine Ruhe-Oase, nur wenige Kilometer entfernt vom hektischen Treiben …“

Im Gartensaal des Schlosses gilt: „Aber auch Nichtadlige haben heute die Möglichkeit, sich hier mit Blick auf den Lustgarten standesamtlich trauen zu lassen.“ Tatsächlich? In ihm „ist die Verbundenheit Bad Königs mit der niederländischen Königsfamilie allgegenwärtig.“ Und die Orgel in der Schlosskirche ist nicht nur zum kirchlich Heiraten da, auch „alle anderen Gäste“ dürfen sie „bestaunen“. Und es ist ferner unglaublich: „Der Kurpark lädt zum Spazieren und Verweilen ein. … Lassen Sie die Seele baumeln.“

Die baumelt gleich mehrfach in diesem Prospekt der Kurgesellschaft.

Tatsächlich: „Sonnenuhren zeigen bei gutem Wetter die Uhrzeit an.“ Und man kann „bei gutem Wetter die Aussicht genießen“. Uhren und Aussicht mögen nämlich keinen Regen. Und wenn's nicht regnet: “Nicht nur die Wanderwege, auch kürzere Strecken in der Stadt und um die Stadt herum sind eine Erkundung wert.“ Das ist ja ein Knüller. Dafür gibt's tatsächlich „kundige Gästeführung“.

„Am Gesundheitsbrunnen laben Sie sich am frischen Wasser“, und kneippmäßig „erfrischen Sie die müden Beine“. Minigolf ist tatsächlich „ein großer Spaß für Jung und Alt“. Es gibt süßen „Genuss ohne Reue“, man kann „Wurstwaren goutieren“. Und: „Eine Kur ist Urlaub für die Gesundheit“ – macht die Gesundheit da Urlaub?

Welcher Lohnschreiber hat sich wohl diese Elogen abgebrochen?

Schade, weniger Sülze wäre glaubwürdiger. Welcher Gast lässt sich von solchem Geschwurbel locken?

Klinik 1

Wem im Leben ein Supergau passiert ist – jemand buchstäblich todkrank oder verletzt ist -, der ist hier richtig. Die Schlossberg Klinik ist auf die allerschwersten neurologischen Fälle spezialisiert; häufig kommen die Patienten direkt von der Intensivstation, oft werden sie noch beatmet.

Es gibt besondere Therapeuten – für Ergo-, Physio-, Sprach-, Musik-, Mal-Therapie und Neuropsychologie. Und die Therapiehunde Elmo (Bild) und Karl sind fest angestellt und versichert.

In den rund 130 (davon 40 Intensiv-) Betten werden etwa 500 Patienten jährlich behandelt – von über 700 Mitarbeitern sind 40 hoch spezialisierte Ärzte. Die Klinik ist der größte Arbeitgeber in Bad König; seit 1990 dient sie der neurologischen Frührehabilitation; sie war eine der ersten für Menschen, die früher nicht behandelt werden konnten und gestorben wären.

Früher landete der Hubschrauber auf dem Sportplatz oder im Kurpark – die haben zu sehr darunter gelitten, jetzt ist der Landeplatz in Erbach am Kreiskrankenhaus.

Die Pressesprecherin Sibylle Erb erläutert, dass es generell schwierig sei, qualifizierte Mitarbeiter im Gesundheitswesen zu finden; an der Straße steht ein auffallendes großes Schild für Bewerber. Die Betreiber geben sich Mühe – es gibt Wohnungen für Mitarbeiter, sogar Ferienwohnungen werden angemietet. Auch eine Fußballmannschaft dient dem Zusammenhalt, und für ein Fest wird schon mal die komplette Therme (s. d.) gemietet.

Die Schlossberg Klinik gehört zu Asklepios, 1985 gegründet, mit rund 160 Gesundheitseinrichtungen und fast 50000 Mitarbeitern und über 26000 Betten einer der größten privaten Klinikbetreiber in Deutschland. Auch die MediClin AG mit 34 Kliniken gehört zum Konzern, ebenso Medilys, eins der größten Kliniklabore Europas mit mehr als zehn Millionen Analysen jährlich.

Ein Schloss ist nicht zu sehen; der Eingang ist in der prächtigen Villa Lien (s. d.). Der mächtige Neubau dahinter von 2011 ist eher Klotz als Kunstwerk.

Klinik 2

Die mächtige Odenwaldklinik mit 200 Zimmern, 13000 qm Fläche und 19000 qm Grundstück war besonders auf Onkologie spezialisiert. Dann hatte das Land Hessen sie gepachtet und für 500 Flüchtlinge umgebaut – es zogen jedoch nie welche ein; 2016 wurde dies aufgegeben. 2019 wurde sie über Makler für 1,6 Millionen an einen Investor versteigert. Noch steht sie leer und sieht gammelig aus; was daraus wird, weiß niemand – angeblich wieder eine medizinische Einrichtung.

Königin

Legendär ist die Verlobung von Wilhelmina, der Königin von Holland, und Heinrich von Mecklenburg-Schwerin, an die im Lustgarten hinter dem Schloss eine Gedenktafel von 1992 erinnert.

1900 lernten sie sich kennen, als sie 19 Jahre alt war. Als Zehnjährige war sie Königin geworden, bis zur Volljährigkeit 1898 unter der Regentschaft ihrer Mutter, der Königin Emma. Diese hatte sie zu Besuch bei ihrer Schwester Gräfin Lily von Erbach-Schönberg nach König mitgebracht. Heinrich und sie wurden für ein Gespräch nach dem Mittagsmahl alleingelassen – und erschienen zehn Minuten später als Verlobte; sie heirateten 1901. Heinrich wurde auch dafür berühmt, dass er mehrere außereheliche Kinder zeugte. Wilhelmina war bis 1948 Königin, Urgroßmutter des heutigen Königs Wilhelm-Alexander. Königin-Mutter Emma war auch am 6. Juni 1901 in König, als Prinzessin Imma von Erbach-Schönberg getauft wurde.

Kondomautomat

Last but not least erzählt im Heimatmuseum (s. d.) ein Kondomautomat eine ganz eigene Kinnicher Geschichte. Denn Philipp Koch, ein hiesiger Friseur, war ein früher Start-up-Unternehmer; er wurde wohlhabend – in der ganzen Region hängte er seine Automaten auf und versorgte die Odenwälder mit diesen lebensnotwendigen Hilfsmitteln vor dem Zeitalter der Pille. Zuletzt hatte er 73 Automaten in Gastwirtschaften und Tanzlokalen.

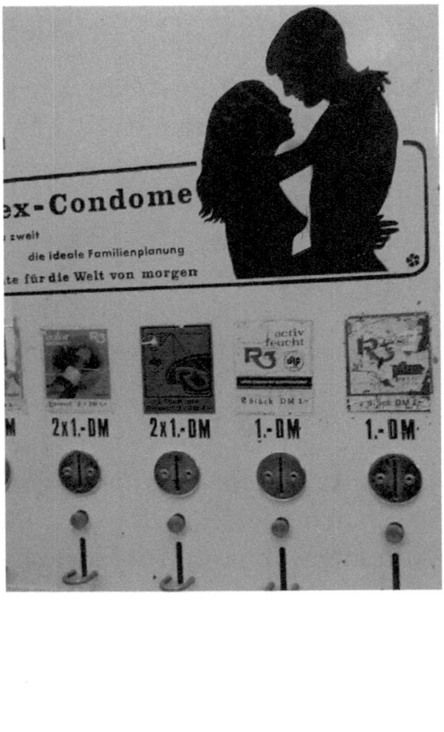

Die in den Fünfzigern gegründete Odenwälder Rimbacher Gummiwarenfabrik mit den berühmten R 3, London, Fromms und Blausiegel war

Lieferant. Wer's genauer wissen will (nicht überprüft, so kopiert vom Deutschen Nationalmuseum): Höhe x Breite: 3 x 6,5 (größte Packung) cm, Höhe x Breite: 2,4 x 6,5 (kleinste Packung) cm. Material/Technik: Druckfarbe (blau), Folie (durchsichtig), Folie (weiß), Latex (schwarz), gebördelt, gedruckt, gerändelt, getaucht, getrocknet.

Den Jüngeren kommt das komisch vor? Die Älteren werden sich mit Vergnügen erinnern.

Kurpark

Es begann mit einem großen nassen Wiesengrund. Wie kann man hier, ohne die Gemeindekasse zu überfordern, Seen draus machen? Die Königer kamen Anfang der 50er Jahre auf eine pfiffige Idee – und eine Pioniereinheit der Amerikaner bekam was zu tun: Die Übungsmöglichkeit für den Einsatz von schwerem Gerät war quasi kostenlos, die Gemeinde zahlte nur Unterbringung und Verpflegung der Soldaten und die Betriebskosten. Aber nix da – nach einer Woche mussten sie abbrechen -, die Fahrzeuge waren zu schwer und versanken im Schlamm. Jedoch zehn Jahre später ging's weiter, auch mit einer Baufirma. Und 1967 waren der Große und der Kleine See mit Grünflächen und Wegen fertig.

Es kam immer was dazu – Schach und Boccia, Kneipp und Wasserfontänen, Mini-Golf und Planetenweg – und vor allem fühlen sich oben haufenweise Wasservögel, im See Fische, drumherum Pflanzen und auf den Wegen Kinderwagen und Rentner wohl.

Und es gibt einen reizvollen Skulpturenweg, darunter eine mit dem Titel „Odin“ und natürlich auch seine weisen Raben Hugin und Munin. Außerdem lag ein Steinkopf zu Füßen Odins; der wurde jedoch vor einigen Jahren geklaut, man sieht, auch im Odenwald, da sind die Räuber. Und neben dem Bauhof ist eine anregende Freiluftwerkstatt mit weiteren Skulpturen, deren Entstehen man hier verfolgen kann. Auf diesem Bild posiert Paul August Wagner.

MEER

Landwirtschaft

spielt ökonomisch keine sonderliche Rolle mehr – ihre eigentliche Aufgabe ist die Erhaltung der Kulturlandschaft. In der Kernstadt gibt es keinen Bauern im Haupterwerb mehr, in der Gemarkung sind es etwa sieben.

Lesungsreise

Autoren in der Rentmeisterei seit 1991 (eine unsortierte Auswahl):

Günter Schabowski, Bernt Engelmann, Arno Surminski, Maria Grafin Maltzan, Tschingis Aitmatow, Uta Ranke-Heinemann, Christian Graf Krockow, Peter von Zahn, Valentin Falin, Hans-Joachim Kulenkampff, Jürgen Leinemann, Juri Rytcheu, Heiko Engelkes, Hardy Krüger, Hellmuth Karasek, Emil Steinberger, Ilja Richer, Michael Degen, Jochen Senf, Biermösl Blosn, Rüdiger von Wechmar, Hannelore Hoger, Dietmar Mues, Stefanie Zweig, Sybil Gräfin Schönfeldt, Markus Wolf, Günter Lamprecht, Jiri Grusa, Katrin Sass, Udo Wachtveitl, Peter Sodann, Peter Härtling, Pierre Brice, Christoph Ransmayr, Christian Brückner, Eva Mattes, Dietz-Werner Steck/Felix Huby, Michael Verhoeven, Kari Köster-Lösche, Reinhard Klimmt, Michael Fitz, Michael Quast, Käthe Reichel, Walter Schobert, Greser und Lenz, Kai Felmy,

Harm Bengen, Burkh (Burkhard Fritsche), OL (Olaf Schwarzbach), Peter Butschkow, Ralf Butschkow, Walter Renneisen, Wolf Biermann, Liederjan, Renan Demirkan, Michael Buback, Eric T. Hansen/Astrid Ule, Christof Wackernagel, Rainer Moritz, Joachim Gauck, Tilman Spreckelsen, Frido Mann, Marianne Birthler, Helmut Ortner, Volker Weidermann, Dominique Horwitz, Harald Dietl, Henning Boetius, Reinhard Kaiser, Andreas Föhr, Hasnain Kazim, Walter Kreye ...

Im Kurzseminar erzähle ich in der Rentmeisterei aus der Welt der Bücher.

Man glaubt es kaum – das alles und mehr veranstaltet das Buchhändlerpaar Steiger von der literarischen Buchhandlung "Paperback" (s. d.) im Alleingang. Und mit den Gästen geht's nach den Veranstaltungen in den „Hirschen" nach Fürstengrund (s. d.) – wo viele der Gäste sich handschriftlich auf einer Wand verewigt haben.

Liederkranz

Im frühen 19. Jahrhundert begann die Gründungswelle der Männergesangvereine, als im Zuge der Romantik Volkslieder aufgezeichnet wurden.

„Wie die Lerche im Frühling von unwiderstehlichem Drang beseelt ihr Lied hinausschmettern muss, so ist es vielen, vielen Kindern dieser Erde ein Herzensbedürfnis, die tiefsten Gefühle in Freud oder Leid auszusprechen im Liede. Das ist Menschenart, besonders aber Germanenart und vor allem auch ein Stück des Odenwälder Volkscharakters."

So heißt es in der Festschrift „Bad König und sein Liederkranz" zum Goldenen 50. Jubiläum 1911. Und der Anhang mit über 50 Anzeigen von Königer Betrieben beweist, wie fest der Liederkranz im Leben der Stadt verwurzelt war. Das reicht vom Fafnirbrunnen, dem „Stahlbad König", über je mehrere Fabrikanten von Zigarren und Pfeifen bis zu Hotels und Pensionen, Handwerkern und Handlungen bis zur Metzgerei Urich (s. d.) und dem Kaufhaus Joseph, die es noch heute gibt.

1861 gegründet, ist der Liederkranz der älteste Verein der Stadt – mit übrigens nur elf Vorsitzenden und sechzehn Dirigenten in über anderthalb Jahrhunderten.

Die Zeiten haben sich geändert: Wie in allen klassischen Vereinen wird im Liederkranz das Fehlen der Jugend beklagt. Männerchöre entstanden im 19. Jahrhundert in der Nachfolge der Aufklärung,

viele sind verschwunden; Anfang unseres 21. Jahrhunderts gab es noch fast 10000 in Deutschland. (Das Bild ist von 1971.)

Inzwischen gibt es zwar mehr gemischte und reine Frauenchöre, auch weil Frauen einen leichteren Zugang zum Singen haben, aber auch die haben Nachwuchsprobleme. Und modische Versuche mit Pop halfen auch nicht gegen das Ausbleiben der Jugend. Der Liederkranz Bad König jedoch ist dem klassischen Gesang und dem Volkslied treu geblieben.

In Sommerfarben prunkt der Odenwald,
Grauschlanker Buchen grüne Blätterwogen
Erzittern an dem blauen Himmelsbogen;
Den Wurzeln gibt der rote Sandstein Halt.

Ist das nicht zeitlos richtig und schön?
Hingehen und mitsingen!

Limes

In Europa, Vorderasien und Nordafrika war der Limes fast fünfhundert Jahre die Reichs- und Zollgrenze des römischen Reichs – großteils entlang der großen Flüsse wie Rhein und Donau, Euphrat und Tigris. Auf der anderen Seite der Reichs- und Zollgrenze lebten die Barbaren, die immer wieder Überfälle machten – hier in der Gegend waren sie offenbar so erfolgreich und gefährlich, dass dieser Abschnitt in Obergermanien durch den Odenwald sich nicht lange hielt und weiter nach Osten verlegt wurde.

Viel ist am Wanderweg nicht zu besichtigen, es gibt, wie sonst am Limes, nicht mal einen Pfahlgraben – denn der hohe Odenwald war weitgehend unbewohnt. Es lohnen die Ruine des Kastells Lützelbach und das Kastell Hainhaus bei Vielbrunn, ein Bodendenkmal, dessen Umwehrung mit dem Ringgraben gut zu sehen ist; unweit wurde der römische Holzturm „Heumatten“ rekonstruiert.

Aber mit oder ohne Römer – der Limeswanderweg durch den waldreichen Odenwald bis zum Neckartal folgt zu großen Teilen einem Höhenrücken und ist landschaftlich hinreißend.

Es lohnt im Hinterland ein Besuch der „Haselburg“ (s. d.), die größte und gut erforschte Anlage.

Literaturhandlung Paperback

Seit der Gründung 1986 als inhabergeführte, unabhängige Buchhandlung jenseits der Konzernkraken finden sich in den Regalen noch Autoren, die jede Filialbuchhandlung schon längst ausgelistet hätte. Deshalb kommt die Kundschaft gerne aus Frankfurt oder Heilbronn, aus Mainz oder Darmstadt. Hier finden sich noch Aitmatow und Zola, Arnold Zweig und Elisabeth von Arnim.

Bilderbücher für die Kleinen sind Standard, ebenso die Klassiker für Kids: Kästner, Ende oder Preußler. Das Regal mit Regionalia wird gepflegt, eine feste Kundschaft sucht nach den neuesten

Publikationen aus dem Odenwald. Das Buchhändlerpaar Gertrud und Achim Steiger hat selbst fünf Odenwald-Bücher geschrieben.

Die Steigers mit Rainer Moritz, dem Leiter des Literaturhauses Hamburg.

Nicht nur die üblichen Verdächtigen der Bestsellerliste stehen hier zur Verfügung – auch die kleinen, engagierten Verlage wie Links, Nautilus oder Berenberg kommen zu Wort (oder Vitolibro). Und einem Spleen des Chefs ist ein umfangreiches Filmregal geschuldet: die „Cinémathèque PAPERBACK" – hier findet der Filmenthusiast alles zum „Film Noir", kann die Klassiker von Kracauer bis Lotte H. Eisner in die Hand nehmen und sich auch eine der eher ungewöhnlichen DVDs kaufen. Eine so liebevoll und intelligent geführte Buchhandlung jenseits aller Marktmechanismen habe ich buchstäblich noch nie erlebt.

Die Literaturhandlung ist örtlich auch bei den Vereinen fest verwurzelt. Achim war nicht nur Gründungsmitglied der Freilichtbühne, sondern auch (fast) von Anfang an Mitglied vom AFC – dem „Äppelwoi-Fan-Club". Vor allem die Lesungsreihe (s.d.) in der Rentmeisterei (s. d.) seit 1991 ist in der gesamten Region einmalig. Auch veranstalten sie immer wieder Ausstellungen von Humoristen. All dies und mehr führte dazu, dass Paperback 2015, 2018 und 2019 mit dem Deutschen Buchhandlungspreis ausgezeichnet wurde.

Das Tollste jedoch – die beiden wissen schlicht alles. Nicht nur über Bücher und die Weltliteratur, auch über Trivialkulturen. Und viel über Menschen und unser kleines Menschenleben.

„Wahnsinn", haucht Lisa. „Eine ... eine ... Buchhandlung", stöhne ich überwältigt. Geduckt schauen wir ins Schaufenster und sehen – Bücher! Kleine, große, dicke, dünne, bunte, einfarbige Bücher, überall Bücher! Sie stehen oder liegen verlockend ausgebreitet nebeneinander, ihr Duft dringt sogar bis zu uns nach draußen. Ich hab ganz weiche Beine, Lisa atmet schwer.

Wir bewegen uns zur Tür – da bemerken wir im Laden eine Bewegung und bleiben wie erstarrt stehen. Im Licht einer Deckenlampe stehen zwei Wesen aufrecht hinter einem Bücherständer, offenbar ein Weibchen und ein Männchen. Zum Glück steht der Wind günstig für uns, sie können uns nicht wittern. Wann hat man schon mal die Chance, der aussterbenden Spezies der Buchhändlergattung so nah zu sein.

„Komm, jetzt oder nie", raune ich Lisa zu. Ich drücke ganz behutsam die Türklinke runter – da ertönt eine Eingangsglocke. Auf der Stelle sind die beiden scheuen Wesen in ihrem Bücherwald verschwunden. Ich könnte mich ohrfeigen.

Alles vergebens. Am nächsten Tag reden wir mit dem Bürgermeister. Die Literaturhandlung Paperback in Bad König stünde unter Denkmalsschutz und das Buchhändlerpaar unter Artenschutz, erzählt er uns. Wir verlassen Bad König, sind aber zugleich auch stolz, ein leibhaftiges, prächtiges Buchhändlerpaar im heimischen Revier wenigstens mit eigenen Augen gesehen zu haben. (Diese Hommage schrieb der Zeichner Peter Butschkow.)

Marathon

Im Café Rudolph unterhielt sich ein mittelalterliches Paar aus Frankfurt. Hilka, die wirklich sehr tough aussah, aber ihren Nachnamen nicht verriet, erzählte, dass sie den Berlin-Marathon im

Regen gelaufen sei. Sie lief auch schon in den USA; Laufen kann offensichtlich Leidenschaft sein. Für Frankfurt suchte sie grade einen Partner, um den Marathon zu teilen – aha, so geht das also auch. Dann braucht man nur die Hälfte mitzurennen.

Es entstand die Idee: Einen Odenwald-Marathon zu begründen, mit Start und Ziel Bad König; sie selbst aber wollte dies nicht übernehmen. Hiermit sei diese Idee also abgeliefert: Für Einheimische wie Touristen könnte das ein kleiner Knüller sein. Der richtige Marathon wird auf asphaltierten Strecken ausgetragen – bei diesen vielen traumhaften kleinen Straßen rauf und runter wäre es die beste Werbung für die ganze Gegend.

Finden sich Gründer, Aktive, Sponsoren? Ob da nicht Tausende von Frankfurt bis Heidelberg kommen?

Nebenbei: Laufen kostet keinen Strom.

Maulbeerbaum

Im so vielfältigen gesellschaftlichen Leben in zahlreichen Vereinen ist, nach den Sportlern, der Obst- und Gartenbauverein mit zweihundert Mitgliedern der größte. Sie kümmern sich besonders um die Streuobstwiesen – da werden die alten Bäume von Hand gepflegt und die Unterarbeiten am Stamm durchgeführt. Die Hochstämme können bis zu achtzig Jahre alt werden.

Es geht darum, alte, weitgehend ausgestorbene Sorten zu erhalten, auch zu veredeln und neu zu pflanzen. Und es läuft der ewige Kampf gegen die Mistel, die sich durch Vögel ausbreitet.

Dazu gehört auch ein Bibelgarten; es gibt etwa 160 in Deutschland, in denen die Pflanzen wachsen, die in der Bibel vorkommen, wie der Judasbaum und Johanniskraut.

In Bad König nun gibt's darin wiederum etwas ganz Besonderes, den einzigen in Südhessen: einen Maulbeerbaum, der nun geschnitten werden muss.

Vorher ... und nachher

Mit der schönen Geschichte dazu: Eine Türkin fragte im heißen Sommer 2018, ob sie die Früchte ernten dürfe. Das hat dem Baum sicherlich gut getan – es war wohl das erste Mal in seinem Leben, dass Nahrung daraus wurde.

Maulwürfe

In Fürstengrund wurde bereits 1836 der erste Maulwurffänger (in den Königer Gemeindeakten) aktenkundig; 1843 betrug sein jährlicher Lohn 20 Gulden. Die putzigen Tierchen können beachtliche Schäden in den Wiesen verursachen, ihre Hügel sind für die Futterernte höchst lästig. Der Wiesenvorstand hatte beschlossen, dass ihr Wegfangen auf gemeinschaftliche Kosten stattzufinden hatte. In Bad König verpflichtete sich Leonhard Müller 1866, für 60 Gulden nach der Heuernte auf Wiesen, Kleeäckern und in den

Gärten Maulwürfe zu fangen. Aus der Zeit des Ersten Weltkriegs gibt es Zahlen: Der Maulwurffänger Adam Berle fing 1915 385 Tiere, 1916 waren es 485 – er bekam aus der Gemeindekasse pro Stück 15 Pfennig.

Medizin

„Das ist ja der reinste Kommunismus!“ Die sieben Ärzte verschiedener medizinischer Disziplinen sind Mitglieder der Gemeinschaft und legen alle Einnahmen in einen Topf – was nach Kosten übrig bleibt, wird zu gleichen Teilen ausgeschüttet. Wo andere als Konkurrenten arbeiten, hier fanden sich Kollegen zusammen. Worum es geht? Ein beeindruckendes Ärztehaus, in dem inzwischen weitere vier Mediziner arbeiten. Es gibt noch weitere Praxen in der Stadt – von einer solchen Versorgung können andere Kleinstädte nur träumen.

Menschen

Ein paar Bilder von Kinnichern anno dunnemals

Metzger

Es ist unglaublich – in dieser Stadt gibt es vier Metzgereien, die allesamt noch heute selbst schlachten. Es wird erzählt, dass Kunden von weither kommen, weil es nirgends eine solche Qualität gebe.

Zuerst wurde mir Urich empfohlen. Alles schmeckte grandios, das machte mich neugierig.

Urich

Wenn morgens die Schweine vom Bauern aus der Umgebung gebracht werden, bekommen sie erst mal eine Stunde Musik vorgespielt, um sich zu beruhigen. Es gibt Spiegel an der Wand, damit sie sich in Gesellschaft fühlen, dazu bekommen sie Schokochips und beruhigende Worte von den Bauern, die sie kennen. Sie sollen absolut angstfrei sein, wenn Sie geschlachtet werden – der Senior-Chef Karl-Heinz Urich hat erkennbar echte Zuneigung zu den Tieren und scheint diese Aufgabe fast zu bedauern. Er meint, dass mindestens fünfzig Prozent der Qualität des Fleischs von der Schlachtung abhängen. Er leidet fast körperlich, wenn er sich die schrecklichen großen Tiertransporte vorstellt. „Das ist wie bei Menschen – wenn man aufgeregt ist, wird das Fleisch nasser."

Es werden etwa zwölf Schweine pro Woche geschlachtet, dazu zwei Färsen – Traudel Urich (s. Museum Vetter) meint: „Die Frauen sind zarter und besser marmoriert als die Rinder." Zwischendurch gibt's auch mal Lamm oder Kalb. Und Ziege aus Momart (s. d.).

Die Metzgerei stammt von 1836. Und wie es mir hier so oft begegnet – die Familien engagieren sich auch sonst in der Gemeinschaft; der Senior Karl-Heinz wie sein Sohn Steffen, der seit 2001 den Betrieb führt, sind Stadtverordnete in Bad König.

Schlössmann

soll hier nicht zu kurz kommen – sie ist wie Urich eine Traditionsmetzgerei, mit über 180 Jahren Geschichte und höchsten Ansprüchen an Qualität.

Großvater und -mutter Urich

Scholl
hat das Hauptgeschäft in Brombachtal, hier in König ist es eine Filiale. Sie haben Wildspezialitäten aus dem eigenen Jagdrevier und sind der einzige zugelassene Betrieb für die Wildbe- und -verarbeitung im Odenwald.

Müller
im Dorf Zell bietet außer Wurst- und Fleischwaren einen lebendigen Mittagstisch.

Michelstadt

Hier gibt's zur Erntezeit etwas ganz Einmaliges im Café: Kartoffeltorte auf Marzipanboden. Muss man ja drauf kommen – ich kann drauf verzichten.

Ansonsten ist Königs Nachbarin Michelstadt im historischen Stadtgebilde bezaubernd – wie manch andere mittelalterlichen

Städte an Ausflugsrouten –, denen zu Unrecht Kitsch vorgeworfen wird (sie wären ja blöd, ihre historisch erhaltenen Gebäude nicht zu nutzen). Selbstverständlich muss man sie durchwandern. Sich Bilder und ihre Geschichte entlang der Gebäude vorzustellen –, ist eine lohnende Aufgabe.

Momart

ist der kleinste Ortsteil mit etwa 350 Einwohnern. Im Dorf, 1321 erstmals erwähnt, gab es neun große Hubengüter, es wurde Erz gegraben und Pechbrennerei betrieben, wie Flurnamen (Eisengrube, Erzlöcher, In den Kohlstöck) besagen. Nur zwei von dreizehn Familien überlebten den Dreißigjährigen Krieg.

Der Landgasthof „Zur Post“ mit großartigem Fernblick ist in sechster Generation im Familienbesitz.

In der sage und schreibe zwölften Generation wird der Hof „Weiße Hube“ ökologisch bewirtschaftet. Auf hundert Hektar Wiesen und Weiden wächst das Futter für Gelbvieh-Rinder und vor allem zweihundert Thüringer Waldziegen mit Zicklein und zwei Ziegenböcken; die Milch wird in der hofeigenen Käserei weiterverarbeitet. Und ebenfalls rund zweihundert Hühner leben im Hühnermobil und picken an der frischen Luft auf den wechselnd abgesteckten Weideflächen nach Würmern für die Bio-Eier.

Übrigens werden in den Wintermonaten Oktober bis März die Ziegen nicht gemolken.

Mühlen

Bannmühle

Die Bannmühle stammt aus dem 16. Jahrhundert und liegt in Zell. Sie hat erst 1975 den Betrieb als Mühle eingestellt. Das Wohn- und Mühlengebäude ist ein zweistöckiger, winkelförmiger Fachwerkbau mit einem Krüppelwalmdach. Das Erdgeschoss wurde massiv erneuert. Der Westtrakt, der seit 1816 das Mühlwerk samt Mühlrad enthält, ist in Ständerbauweise errichtet. Die geschichtlich bedeutende Anlage ist auch für das Ortsbild von Zell wichtig.
Ein Teil des Wohnbereiches wurde in den Mühltrakt integriert, und so hat man einen einzigartigen direkten Blick auf das Mühlwerk, was dem Anwesen seinen museumsähnlichen Charakter verleiht. Mittelpunkt ist die offene Küche mit dem Essbereich und einem Zugang zur Terrasse mit Garten. Die damals als Schweinestall genutzte Scheune ist heute Pferdestall mit Boxen für 6 Pferde. An dem rund 5000 m^2 großen, parkähnlichen Grundstück fließt der Waldbach vorbei.

Grohmühle

Sie ist die älteste, in der Kimbacher Straße 215. Sie wird bereits im Gültbuch von 1477 erwähnt. Das heutige Mühlengebäude ist ein stattlicher Fachwerkbau, zum großen Teil aus dem 18. Jahrhundert. Man findet dort aber auch noch Teile der spätmittelalterlichen Fachwerkkonstruktion. Mühle und Reste des Mühlgrabens geben Zeugnis von der geschichtlichen und wissenschaftlichen Bedeutung des Bauwerks.

Heuselsmühle

Sie stammt aus dem Jahre 1841 und ist ein Einzelhof, der an der Straße von Zell nach Weitengesäß liegt. Im hinteren Teil des Wohnhauses ist heute noch das Mahlwerk einschließlich des außen in einem ummauerten Geviert liegenden Wasserrads. Es ist ein Kulturdenkmal, weil noch erhaltene Mühlenanlagen so selten sind.

Künzelsmühle
Sie liegt direkt neben der Grohmühle und ist in einem teilweise verschindelten Fachwerkbau auf einem massiven Sockel untergebracht. Das Mühlrad und das Mahlwerk mit seinen verschiedenen Mahlgängen sind bis heute erhalten. Ein Vorgänger wird bereits im Jahre 1554 bezeugt.

Mühlrad Künzelsmühle

Ölmühle

Dies ist ein Industriekomplex aus dem Beginn des 20. Jahrhunderts; das Haupthaus ist rund 200 Jahre alt. Ihr Kennzeichen, der hohe Schornstein, misst 42 Meter – und ist wohl nie benutzt worden.

Die Ölproduktion aus heimischen Erzeugnissen – vor allem aus Bucheckern – wurde erst 1965 eingestellt. Der Unternehmer hatte sich übernommen und ging pleite. Als das Ehepaar Krings die Mühle 1979 übernahm, war sie vollkommen heruntergekommen; Dr. Krings war Chirurg, hatte aber eigentlich Handwerker werden wollen. Mit Leidenschaft ging es an die Sanierung. Und die vier Kinder gingen erstaunlich kreative Wege. Drei leben hier in ihren Häusern mit den Familien. Tochter Susanne führt die Ballettschule (s. Ballett). Bruder Karl, Rap-Musiker, Komponist, Sound Designer und Videoregisseur, eine Art „Schweizer Taschenmesser für die Filmproduktion", ist Geschäftsführer der international arbeitenden Agentur Woodfilm im benachbarten Erbach. Und die beiden Brüder Max und Fritz gründeten in der Ölmühle die Musikproduktion Peripherique (s.d.).

Pudermühle
Diese repräsentative, vierseitige Hofanlage war ursprünglich eine Mühle, dann von 1845 bis 1896 Fürstlich-Löwenstein-Wertheimisches Hofgut. Sie liegt am Ortseingang von Nieder-Kinzig. Das Wohnhaus ist ein zweigeschossiger Fachwerkbau aus dem Jahre 1806 mit Krüppelwalmdach, symmetrischem, dreizonigem Fachwerkgefüge und doppelten Kopfstreben. Das Mahlwerk ist noch vorhanden. Die Scheune ist aus Sandstein, hat eine Pfeilerloggia und einen großen Gewölbekeller. Bemerkenswert ist auch der als weiträumige, dreischiffige Pfeilerhalle mit Kugelkappengewölbe angelegte Kuhstall. Die Pudermühle wurde in den letzten Jahren kontinuierlich mit viel privatem Engagement renoviert und dient im wesentlichen Wohnzwecken.

Stadt-Mühle
Die alte Stadtmühle des Oberdorfs wird bereits im Gültbuch von 1477 erwähnt. Der ansehnliche, wohl kurz vor 1800 entstandene Fachwerkbau, bei dem das Mühlrad samt Mahlwerk noch erhalten sind, bildet mit der benachbarten, etwa gleichalten stattlichen Stallscheune den südlichen Abschluss des Platzes im Oberdorf. Von Seltenheitswert in einem Ortskern ist auch die Einfriedung des Hausgartens mit beknauften Sandsteinpfosten auf niedriger Bruchsteinmauer mit Lattenzaun.

Mümling

Die Quelle in Beerfelden ist in einem Zwölf-Röhrenbrunnen von 1810 mit Messing-Löwenköpfen. Sie fließt 50 Kilometer durch den Odenwaldkreis durch Erbach, Michelstadt, Bad König und Höchst, um die Burg Breuberg mit dem mittelalterlichen Ackerbürgerstädtchen Neustadt herum bis zum Main bei Obernburg in Bayern. (s.Fischerei)

Mundart 1

Dialektschreibung ist immer umstritten – hier gemäß Heimat- und Geschichtsverein

Berufe

Eierfrau, Ölmüller
Pflasterer
Bürgermeister
Totengräber
Feldschütz
Glöckner
Federvieh-Händler
Viehhändler
Mausefallen-Händler
Korbmacher

Fangen wir doch einfach mal alphabetisch an, als die Aaje-Fraa dem Äile-Miller, dem Blechderer, dem Boie'moaschder und dem Doure-Greewer ihre frische Ware lieferte. Als der Fäld-Schitz hörte, wie der Glogge-Lairer läutete, ging er zum Markt, wo der Hinkels-Keefer, der Kelwer-Hetzer, der Maisfalle-Hennler und der Moanne-Macher ihre Waren anboten.

Bürstenbinder, Drahtzieher
Schumacher
Schneider
Seifensieder
Zigarrenmacher

„Handwerk hat goldenen Boden“? Naja, reich wurden sie nicht, die Birschde-Binner und Droot-Zieher, die Fligg-Schuster und Hopsa-Schnairer, Saafe-Sierer und Zigaa-Macher.

Gespannführer, Holzschneider
Waldarbeiter
Schweinehirt
Schäfer
Steinbrecher
Steinhauer
Steinklopfer
Straßenwärter

Draußen arbeiteten der Gschpoann-Fierer, der Holz-Schnirrer und Holz-Setzer, der Sai-Traiwer und Scheefer wie die Schtoa-Bräscher, Schtoa-Haawer, Schtoa-Klobber und Schtroose-Wärder.

Mundart 2

Landwirtschaft

Die Bauern brauchten Äärn-Räsche und Dräsch-Fleeschel einen Puul-Wache und eine Rummelse-Miel, den Mälk-Oamer und die Mischd-Gawwel, den Schdrou-Bogg, ein Sitzbrääd und einen Wetz-Schdoa.

Ernte-Rechen, Dreschflegel
Jauchewage, Rübenmühle
Melkeimer, Mistgabel
Strohschneider
Sitzbrett
Wetzstein

Auf dem Acker ernteten sie Gäärschte, Rummelse und Krozze, Haai, Hawwern, Hiersche und Waaz und im Garten Koans-Trauwe und Holle-Bäje, Kallrouwe, Gääl-Riewe, Roure-Riewe, Wais-Riewe, Kopp-Saload und Meereddisch.

Gerste, Futterrüben, Rübenblätter
Heu, Hafer, Hirse
Weizen, Johannisbeere
Hollunderbeere, Kohlrübe
Karotte, Rote Beete
Weißrübe, Kopfsalat
Meerrettich

Im Stall und auf der Wiese standen Faikel, Farrn und Gaas, Giggel, Goans und Hinkel, Hoas, Ridd und Schoof.

Ferkel, Bulle, Ziege
Gockel, Gans, Huhn
Hase, Rammler, Schaf

Beobachtet wurden sie von Aasch-Hörnsche und Azzel, Häärn, Krabb, Krott und Wai.

Eichhörnchen, Elster
Eichelhäher, Krähe
Kröte, Habicht/Weihe

Abends gab's dann Bluudwurscht mit Geräischde, Kwellflaisch mit Kwellkadoffel, vielleicht aber auch Metzelsuppe oder Zirrefinke.

Blutwurst, Bratkartoffel
Wellfleisch, Pellkartoffel
Wurstsuppe
Eisbein

Mundart 3

Französisch in der Therme

Wenn die „Schnepp“ in der Bad Königer Therme nicht nur „babbele“ will und „dischbediern“, sondern mit dem „Wisawie“ zum „Bläsier“ „duschuur“, „dussmoa“ und „kuraschiert“ auf der „Schääsloang“ „pussiern“ will, hilft keine „Loammedazion“ und werde nicht „raaschisch“. Stell dich in „Poschdur“, zieh dein „Scha‘kedd“ an, sag ihr in die „Wisaasch“, sie soll die „Vissemadende“ sein lassen, dir würde es „justement“ „brässiern“, du seist „maladd“, und „mir sinn kwiddd“ – und „allee“, „alloo“ – „a’dschee“.

Dann hat diese muntere Königerin durchgehend Französisch gesprochen, das in die Mundart übernommen wurde.

Schlampe/Dirne – Guenipe
plaudern – babilet
diskutieren – disputer
gegenüber – vis à vis
Vergnügen – plaisir
immer – toujours
vorsichtig/leise – doucement
mutig – courageux
Liegesofe – chaise longue
umwerben – pousser (stoßen, drücken)
Gejammer – lamentation
wütend – rage
Haltung/Positur – posture
Jacke – jaquette
Gesicht – visage
Umstände/Getue – visite à ma tente (Besuch in meinem Zelt)
jetzt – justement
eilen – presser
krank – malade
das war’s – quitte
auf geht’s! – allez/allons (lasst uns gehen)
auf Wiedersehen – adieu

Neubeginn '45

Amerikanische Besatzungstruppen übernahmen am Ostersonntag 1945 das Kommando. Es durften auf Straßen und Plätzen nicht mehr als zwei Personen beieinanderstehen. Sperrstunden waren von 17 bis 8 Uhr. Plätze und Straßen wurden umbenannt: der Platz der SA wurde zum Schlossplatz, die Hindenburgstraße zur Lindenstraße und Adolf-Hitler-Straße zur Friedrich-Ebert-Straße und der Adolf-Hitler-Tempel hieß nun Siegfried-Tempel.

Odenwald Geologie

Als ich mit Thomas Seifert, dem Stadtverordnetenvorsteher, auf dem Gelände der Haselburg stand, erläuterte er mir die Geologie der Region. Skizze von unterwegs:

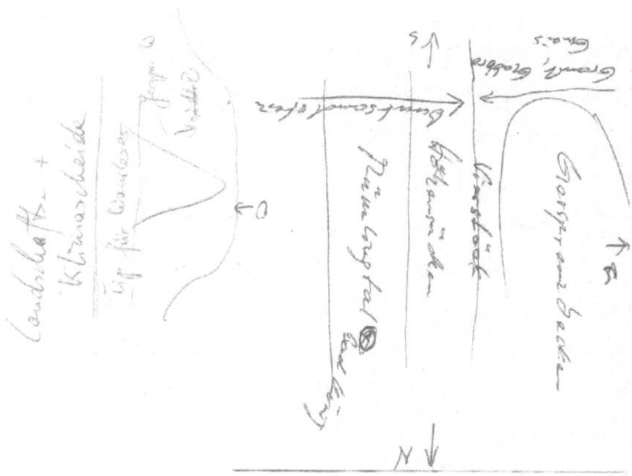

Es lohnt, dies nachzuvollziehen:

Wenn man von dieser römischen Villa rustica oberhalb von Ober-Kinzig nach Westen schaut, liegt vor uns das obere Kinzigtal, das sich ein paar Kilometer weiter bachabwärts bis zur Mümling schlängelt, wo der Bach in Etzen-Gesäß in die Mümling mündet. Auf der anderen Talseite (wobei man hier vom Tal noch nicht viel bemerkt, weil vor uns erst das Quellgebiet der Kinzig liegt) sehen wir die Häuser des Weilers Gumpersberg; oberhalb davon zieht sich ein Höhenzug nach Süden, dessen erste ein wenig herausragende Anhöhe der Tannenkopf (387 m ü.NN) ist; er grenzt das obere Kinzigtal nach Westen hin ab. Der Höhenzug zieht sich dann weiter bis nach Böllstein; die Böllsteiner Höhe bringt es schon auf 415 m Höhe. Der Höhenzug läuft weiter nach Süden; eine besonders markante Höhe ist der Morsberg (516 m), gefolgt vom Hohen Zorn (454 m). Dieser Höhenzug trennt das Einzugsgebiet der Mümling von dem der Gersprenz weiter westlich.

Unser Standort, von dem wir auf den Tannenkopf blicken, gehört zum Buntsandsteinodenwald. Würden wir von der Haselburg hinab ins Kinzigtal wandern, könnte es geschehen, dass wir über den einen oder anderen Sandsteinbrocken stolperten. Nach dem Überschreiten der Talsohle könnte es uns dann aber passieren, dass unsere Zehen nicht mehr gegen rotes oder rötlichbraunes, sondern gegen graues, kristallines Gestein anstoßen – wieso sehen plötzlich die Steine ganz anders aus?

Wenn man gedanklich vom Tannenkopf aus ins Gersprenztal und auf die westlich über diesem Tal liegenden Höhen schaut, sieht man, dass die hinter uns im Osten liegenden Berge des Odenwaldes aus langgezogenen Höhenrücken und Hochebenen bestehen, während im Westen vor uns eine bucklige Landschaft mit vielen kleineren Kuppen liegt, die zwar in der Höhe den Bergen im Osten nicht nachstehen, aber weitaus mehr gegliedert, „unruhiger“ als die langgezogenen östlichen Erhebungen sind. Dank der Abfolge erdgeschichtlicher Epochen haben wir also den Buntsandsteinodenwald, in dem auch Bad König liegt, und den kristallinen Odenwald weiter westlich, der bis zum Oberrheingarben reicht, in den der „Bergstraße“ genannte westliche Teil des Odenwaldes abfällt.

Der kristalline Odenwald ist der älteste Teil und vor etwa 360 bis 320 Millionen Jahren entstanden. Damals bildete sich das Variszische Gebirge als Ergebnis einer Kollision zweier Kontinente. Es herrschen Granit und Diorite vor. Teil dieses kristallinen Odenwalds ist der Böllsteiner Odenwald, der von der Haselburg aus im Westen mit dem Tannenkopf direkt vor uns liegt. Der Buntsandsteinodenwald besteht aus Ablagerungen aus der Zeit des Erdmittelalters (vor ca. 250 Millionen Jahren).

Damit aber nicht genug. Im jüngeren Erdmittelalter war hier ein Meer, von dem Muschelkalkablagerungen an wenigen Stellen erhalten sind. In Ober-Kinzig gibt es eine Flur- und Straßenbezeichnung „Kalkofen“, die auf solche Vorkommen verweist. Und erwähnt werden muss noch der etwa zehn Kilometer von der Haselburg aus am nördlichen Odenwaldrand gelegene Otzberg, ein Basaltkegel vulkanischen Ursprungs, auf dem im Mittelalter eine Burg gebaut wurde. Von hier aus kann man bei klarem Wetter bis nach Frankfurt blicken und die Flugzeuge landen sehen. Er hat seine Entstehung vulkanischen Aktivitäten vor 35 Millionen Jahren zu verdanken.

Papierkorb

Eine gute Idee, irgendwo in der Stadt gesehen – zum Nachmachen.

Peripherique

Als ich spätabends zum Treffen kam, stand ein riesiger Tourbus an der Einfahrt zum Gelände der alten Ölmühle (s. d.) mit meterhoher Aufschrift: Sebastian Fitzek. Wenig später brachen sie auf, die Brüder Krings – in diesem Gefährt sind 18 Betten. Es ging zu einer Veranstaltung des Bestsellerautors am nächsten Tag, in der folgenden Nacht wieder zurück. Denn Max schreibt die Soundtracks für dessen Leseshows mit Tausenden Zuschauern – etwas ganz Neues in der Bücherlandschaft; inzwischen gibt’s Anfragen der großen Verlagskonzerne, um ihre Autoren zu inszenieren.

Es ist, wie sie es selbst nennen, ein Powerhouse, hier im Kimbachtal. Die drei Krings-Brüder haben Musikwissenschaft studiert, gründeten eine Band, mit der sie europaweit spielten, dann kam der Musikverlag dazu, Studio, Club, Agentur. 2009 entstand das „Sound oft the Forest -Festival“ am Marbachstausee – es soll keine Massenveranstaltung werden, ist limitiert auf 5000 Besucher. Und inzwischen gibt's sogar das Festival-Getränk „Wilder Hirsch“, eine Mischung Maracuja-Apfel, das, wie das ganze Unternehmen, Lokales mit Übersee mischt. Inzwischen gibt's 25 Mitarbeiter, davon sieben in Vollzeit.

Selbst kamen die Brüder aus dem Hip Hop; sie produzieren viele der Größen in dieser Musikrichtung, aber auch darüber hinaus. Hier schrieb Mark Forster seinen Song „Sowieso“; Cro arbeitete hier, ebenso die Fantastischen Vier.

Es finden Workshops statt, Ausstellungen, gecampt wird ringsum. In der großen Backsteinhalle mit Kesselhaus gibt es Vorträge und Filmvorführungen. Und Bruder Karl, Rapper, Komponist und Sound–Designer, betreibt seit 2016 in Erbach seine beeindruckende Filmproduktion Woodfilm.

Derartiges in der tiefsten Provinz? Der pfiffige Name nach der Peripherie zeigt, dass sie sich an der Rändern bewegen, außerhalb der Großstädte und Genres.

Nebenbei: Verschenkt die Stadt nicht tolle Möglichkeiten zur Innovation? Denn Fritz und Max und Karl haben bewiesen, dass sie Ideen nicht nur in die Welt – sondern auch praktisch umsetzen können. Und sie sind ausgesprochen heimatbewusst. Sollte der Gemeinderat sie nicht einfach mal einladen: Habt ihr Vorschläge

für Bad König? Gegen die Überalterung, Attraktionen für junge Leute? Ich wäre gespannt auf diesen Ideenpool.

Pirelli

Die Reifenwerke sind der größte Arbeitgeber in Südhessen – viele der Beschäftigten wohnen auch in Bad König. In Breuberg hatte Friedrich Veith, der Erfinder des Laufstreifenprofils für Fahrradreifen, 1903 seine Firma für die Produktion von Reifen und Schläuchen für alle Fahrzeuge gegründet – 1939 waren es schon tausend Mitarbeiter. Die Mehrheit wurde in den Sechzigern von Pirelli übernommen, ebenso wie die der Metzeler Kautschuk GmbH. Sechs Millionen der Premium-Rundlinge und zwei Millionen Motorradreifen werden in diesem Dreischichtbetrieb an sieben Wochentagen hergestellt. Fast 3000 Leute aus allen Nationalitäten arbeiten hier, davon 200 Techniker und Ingenieure, die die Reifen der Zukunft entwickeln. Die größte Gruppe sind Thraker, Gastarbeiter aus Griechenland. Schichten werden auch nach Nationalitäten eingeteilt. Übrigens gehört fast die Hälfte des italienischen Milliardenkonzerns Pirelli dem chinesischen Staatsunternehmen ChemChina.

Gasthaus zur Traube.

Quelle

Dem Flaschenbierhändler und Besitzer des Gasthauses „Traube“ Ludwig Schnauber passte es nicht mehr, dass seine Bedienung ständig bei Wind und Wetter zum Brunnen laufen musste, um Wasser zu holen. Die Reinigung der Bierflaschen musste doch einfacher gehen? Also ließ er in der Küche seines Wohnhauses 1892 nach Wasser bohren – und siehe da, es floss, und zwar sehr reichlich. Nicht aber so, wie es sollte – es war trüb und schwarz, kurz: rostig, also unbrauchbar. Jahre später erkannte ein junger Arzt es als mögliches Heilwasser, es wurde nach Darmstadt zur Untersuchung gegeben – und es stellte sich heraus, dass es „das stahlhaltigste in der ganzen Welt“ sei, wirksamer als das in Bad Schwalbach und im Schwarzwald.

1896 wurde die Quelle erstmals dokumentiert – dies war die Geburtsstunde der Kur. Nach seiner Tochter taufte Schnauber sie „Luisenquelle“, richtete Bäder ein und ließ das Wasser im Hof aus drei Löwenköpfen springen. Nebenan der Apotheker ließ ebenfalls bohren, es entstand die „Gustav- und Marienquelle“ (nach Fürst Gustav und seiner Frau Marie). 1910 kaufte eine Badegesellschaft GmbH die „Traube“, nannten nach dem berühmten Drachen aus der Siegfriedsage das Herzstück „Fafnirbrunnen“ und erweiterten das Anwesen mit Restaurant und Fremdenzimmern; dies war die Grundlage für das spätere Odenwaldsanatorium.

Unterlagen dafür gab mir Ellen Loeb, die Ur-Ur-Enkelin des Entdeckers Schnauber, die auch dabei war, als 2016 in der Wandelhalle eine Infotafel zum 125jährigen Jubiläum des „Kur- und Verschönerungsvereins“ enthüllt wurde. Damals war schon die „Sommerfrische“ schick – heute sagt man: „in“ -, mit den Brunnen begann die Blüte von König.

Das Heilwasser der Stahlquellen aus 10 bis 25 Metern Tiefe mit Eisen und Eisenkarbonaten enthält auch Mangan, Kalzium und Magnesium. Das Thermalwasser aus fast 500 Metern Tiefe wurde in den 70er Jahren gefunden.

GUSTAV u. MARIEN QUELLE
STAHLQUELLE
GRUSS AUS KÖNIG.
1902

Räuber

Die Odenwälder Räuberhauptmänner um 1800 und die meisten ihrer Weggefährten wurden aus purer Not zum Räuber – wer schlicht Hunger hat und nicht weiß, wie er Frau und Kind auch nur ernähren kann, kommt naturgemäß in Versuchung. Beutezüge führten bis nach Mainz, Fulda, Würzburg und Heidelberg.

Angeführt wird die Liste der Räuber im Odenwald vom „Langen Samel", dem 1765 in der Bruchmühle (außerhalb Etzen-Gesäß in Richtung Bad König) geborenen Johann Adam Grasmann, und dessen Neffen, dem „Roten Odenwälder Hann-Adam", der 1779 als Johann Adam Heusner in Mümling-Grumbach geboren wurde.

Johann Adam Grasmann vulgo großer Samel auch großer Hann Adam

Grasmann, zuvor Hirte und Korbmacher, war während seiner Räuberzeit mit einem Bauchladen unterwegs. Heusner, ebenso Korbmacher, aber auch Tagelöhner und Zapfensammler, soll um 1800 mit Grasmann seine erste Straftat begangen haben. Um diese beiden scharte sich eine ganze Horde weiterer Krimineller. Die Spitznamen („Bürsten-Caspar", „dicker Bub") lassen ahnen, dass sie aus ärmlichen Verhältnissen stammten und oft körperlich gehandicapt waren.

Am liebsten brachen sie in Mühlen ein. Das Diebesgut bestand oft nur aus Lebensmitteln, Branntwein, Geschirr oder Textilien, aber auch Schafen, Waffen und anderen Wertgegenständen. Da war nichts romantisch, die Räuber waren keine Robin Hoods. Im Gegenteil, gerade arme Leute waren oft ihre Opfer. Seinen letzten Überfall machte Grasmann 1810 in Fränkisch-Crumbach. Als er dort von einer Verletzung Heusners hörte, kehrte er in seinen Unterschlupf nach Albersbach zurück. Drei Tage später wurde er mit seiner Lebensgefährtin fast zeitgleich mit Heusner verhaftet und ins Darmstädter Stockhaus gebracht. Im November 1814 wurden der 35 Jahre alte Heusner und der 49jährige Grasmann zusammen mit drei ihrer Spießgesellen in Darmstadt enthauptet. Heusner hatte die Todesstrafe akzeptiert, aber Antrag auf Enthauptung statt Hängen erbeten. Hunderte Soldaten und eine große Menschenmenge waren die Eskorte.

Römer

Es sieht ja ein bisschen absurd aus – aber an der evangelischen Kirche hinter dem Schloss ist in zwölf Metern Höhe ein Grabstein eingemauert, azentrisch versetzt neben einem mittigen kleinen Fenster. Er misst etwas weniger als einen Meter im Quadrat, in seinem spitzen Giebel ist eine leere Nische. Eingemeißelt ist der lateinische Text: „Den Totengöttern. Für Lucius Sextius Valens."

Der Kirchturm stammt von 1479 – es muss sich doch jemand was dabei gedacht haben? In diesem Jahr starb Philip I. und Darmstadt fiel an den Landgrafen Heinrich III. von Hessen; er bekam nun den Beinamen „der Reiche". Übrigens sinkt Darmstadt nun für einige Zeit von einer bedeutenden Nebenresidenz zum Status einer Provinzstadt hinab. Aber über diese Jahreszahl irgendeine Verbindung herstellen zu wollen, ist pure Spekulation.

Was soll das Ding an dieser Stelle?

Gefunden wurden noch ein paar römische Reste, so im „Birkerts“, einem Waldstück, ein Sandsteinblock mit nicht ausgearbeitetem menschlichem Kopf. Der Archäologe und Schatzsucher (s. d.) Tim Kunkelmann berichtet von Funden wie Relieffiguren von Merkur und Fortuna mit einem Füllhorn, einer Figur der

Minerva, einem Dianakopf und einem Handmühlenstein. Und er vermutet mancherlei Handelswege und kleinere Straßen in dieser von den Römern beherrschten Gemarkung Bad Königs.

Sammler

20 000 Vogeleier hat er gesammelt – die ersten 8.000 wurden die Grundlage für die Sammlung im Nationalmuseum in Washington, der berühmte amerikanische Ornithologe Charles Bendire, nach dem sogar eine Drosselart benannt wurde: „Bendire's Thrasher".

Erst jetzt hat sich herausgestellt, dass er als Karl Emil Eduard Bender aus Bad König stammt. 1836 geboren, muss er hier in der Kindheit dem 38 geborenen Forscher Weyprecht über den Weg gelaufen sein. 1853 fuhr er zusammen mit seinem Bruder nach New York. Dem gefiel's da nicht – er drehte um nach Hause und ging bei der Seefahrt verloren. Unser Kinnicher ging zur Armee, kämpfte im Bürgerkrieg und heftig gegen die Indianer – und entdeckte in den Weiten des Landes seine Liebe zur Natur.

Und es wird eine schöne Story kolportiert: Als er 1872 eines Tages in Arizona unterwegs war und grade einem Bussard ein Ei aus dem Nest stahl, nahm ein Apache ihn unter Feuer. Da nahm der Vogelfreund das Ei in den Mund, bis er ins Camp zurückkam. Es wird erzählt, dass er sich einen Zahn zerbrach beim Versuch, das große Ei im Mund hin- und herzudrehen.

40000 Exemplare – also doppelt soviel – hat Alexander Körner gesammelt – allerdings nicht Eier, sondern Bierdeckel. Bücher und Bilder, Krüge und Schilder gehören auch dazu. Auch dies ist nicht nur Sammelei – er forscht geradezu in der Weltgeschichte der Biere. Natürlich ist er Mitglied im Heimat- und Geschichtsverein und weiß nicht nur alles über die früher sechs Brauereien mit eigener Gastwirtschaft in Bad König, sondern recherchiert die Geschichte der 300 Brauereien, die es zwischen Rhein, Main und Neckar gab.

Schatzsucher

Weit und breit der einzige offizielle Schatzsucher ist Tim Kunkelmann (s. Namen), mit sattem, zünftigem rotem Bart, der eine Nachforschungsgenehmigung hat, um mit Hilfsmitteln wie z. B. Metalldetektoren die Gegend zu durchstreifen. Er hat ein komplexes Gerät, das mit elektrischem Feld auf Bunt- und Edelmetalle reagiert. Als Normal-Spaziergänger darf man ja nur Scherben sammeln. Und wenn er was Relevantes findet, muss er dies – mit den GPS-Daten – den Behörden melden. Immer braucht er auch die Genehmigung der Bauern, die ihn inzwischen alle kennen, wenn er auf ihrem Gelände unterwegs ist.

Er fand vom HJ-Fahrtenmesser, Dolchresten und Schlüsseln bis zu Gürtelschnalle und Uniformknopf so einiges. Stücke der ersten Manufakturen der Pinksdorfer Keramik vom 9. bis 11. Jahrhundert. Musketenkugeln von der Jagd, NS-Parteiabzeichen, preußische Zinnfiguren. Munition? „Davon ist der Wald voll." Münzen gibt's viele, neuzeitliche, Kreutzer, Kaiserzeit. Lieber als Kronkorken wären ihm Silbermünzen aus dem Mittelalter, Pfeilspitzen, Armbrustbolzen und Beschläge.

Und er träumt natürlich von Fundstücken und Münzen aus der Römerzeit. Den Odenwaldlimes gab's nur vierzig Jahre, deshalb ist er nicht Weltkulturerbe der UNESCO.

Der etwa 40jährige Tim war hier schon mit seinem Großvater unterwegs. Und mit seiner Begeisterung für die Geschichte versetzt er sich in die Vorfahren der Region – er war lange Bogenschütze, wie früher ohne Zielvorrichtung. Er übt sich sogar im historischen Schwertkampf. Und mit der Axt zum Werfen. Sogar mit dem alten Langbogen. Das hilft, die Menschen der Region und ihre Vergangenheit zu verstehen.

Für den Laien hört sich dieses Hobby anstrengend und befremdlich an – sicherlich aber entsteht für den Schatzsucher eine ganz andere Sicht auf die Geschichte seiner Heimat. Da bekommen auch Kleinigkeiten jenseits von unseren heutigen Alltagslächerlichkeiten eine Zeitlosigkeit. Wer sind wir? geht nicht ohne die Frage: Woher kommen wir?

Schlossanlage

Mitten im Ort stehen zwei Schlösser; zur Anlage gehört eine evangelische Kirche, die Rentmeisterei, ein Wehrkirchhof und ein Lustgarten, der vor gut zweihundert Jahren der Kirchhof war. Eine Barocktreppe mit verziertem gusseisernem Geländer und einer Brunnennische im Aufgang führt vom Hof in den gute zweihundert Jahre alten Landschaftspark von etwa 1800; er wurde im späten 18. Jahrhundert zu einem Landschaftspark umgestaltet, daher stammen die heutigen schönen alten Bäume: Winter- und Sommerlinden, Hemlock-Tanne, Robinien, Eiben und Rotbuche. Eine Gedenktafel von 1992 erinnert an die Verlobung der Königin (s. d.) Wilhelmina von Holland.

Für Familien sei angemerkt: Im hinteren Teil ist der schönste Kinderspielplatz von Bad König.

Altes Schloss

Heute ist hier das Rathaus untergebracht. Der Bau wurde in der Mitte des 16. Jahrhunderts errichtet, der Unterstock ist noch älter. Im 18. Jahrhundert bekam er ein neues Obergeschoss mit beeindruckendem Walmdach. Die Fassadenmalerei aus der Mitte des 18. Jahrhunderts war übermalt und wurde Mitte des 20. Jahrhunderts restauriert. Innen gibt es einen beeindruckenden Gartensaal mit Stuck vom Ende des 18. Jahrhunderts.

Es war Graf Georg August zu Erbach, der Begründer der Erbach-Schönberger Linie, der 1751 die Kirche errichten und das Schloss zu seiner Residenz umbauen ließ. Der Vater von 13 Kindern starb 1758 im Schloss; er war der Ururgroßvater der Queen Victoria von England.

Die Grafen von Erbach-Schönberg schenkten es 1927 der Stadt – mit der Verpflichtung, Wohnungen für Bedürftige einzurichten. Das war nicht nur edel – nach dem Weltkrieg waren Reichsvermögenssteuer und Reichsopfer eingeführt worden. Zeitweilig wohnten hier 23 Familien. Für die Stadtverwaltung wurde es zu Beginn der 90er Jahre saniert. Im Erdgeschoss ist das Heimatmuseum (s.d.).

Neues Schloss
Erbaut wurde der spätbarocke Putzbau von Graf Christian 1793, der auch darin wohnte. Später war es eine Kammfabrik, im Weltkrieg Lazarett, Erholungsheim, bis 1970 Klinik, lange Zeit Rathaus – jetzt sind darin Loftbüros auf den 700 Quadratmetern. Ulrich von Christen kaufte es 2017 für einen Euro und bekam noch 300 000 Euros dazu – jedoch hat er anderthalb Millionen in die Sanierung reingesteckt: Seine Leidenschaft ist es, alte Gebäude stilvoll zu restaurieren. Wenn man mit ihm durch Bad König geht, kann er vielerlei historische Bausünden, auch Geschmacklosigkeiten erklären – aber er freut sich über gelungene Beispiele aus den letzten Jahren. Es hat wohl ein Umdenken stattgefunden.

Nicht nur von außen wurde das Schloss zum Schmuckstück mit komplett erneuertem Dach.

Innen wurden die Holzvertäfelungen liebevoll ergänzt und der Stuck detailgerecht erneuert. Die Wände bekamen nicht „den üblichen Gips oder anderen Baumarkt-Mist“, wie so oft, sondern einen denkmalgerechten, sehr aufwendigen Lehmputz.

Von Christen, mit einem Ingenieurgrad aus München und einem MBA aus Frankreich, arbeitete früher in der Kraftwerkstechnik bei

Siemens. Er lebt mit seiner Familie seit ein paar Jahren in Michelstadt und hat eine Firma für mächtige Textilmaschinen, die in die ganze Welt verkauft werden, von Bangladesch bis in die Türkei, auch nach China. Die heruntergekommene Fabrik kaufte er vor zwanzig Jahren und schaffte einen Turnaround. Inzwischen beschäftigt die Firma 140 Mitarbeiter und wächst weiter.

Für die Renovierung des Schlosses hat er gelitten – denn es steht als Einzeldenkmal unter besonderem Denkmalschutz. Wenn er auf die Behörde zu sprechen kommt, wird der sonst so soignierte Herr lebendig. Für einen Gesinnungstäter wie ihn ist die komplizierte Interpretation des Denkmalrechts in Kombination mit dem Dschungel sonstiger Bauvorschriften so undurchschaubar wie abschreckend. Das Engagement für Denkmalschutz werde „auf einige wenige, leidensbereite Mitmenschen" reduziert. Gutachten in Fülle, Zeitverzögerungen und naturgemäß weitere Kosten – auch von Nerven – waren die Folge.

Aber da er's nicht lassen kann, kaufte und restaurierte er inzwischen auch das frühere Motorradmuseum in Michelstadt – „welch eine Wohltat, ohne die Fesseln durch den Denkmalschutz arbeiten zu können".

Rentmeisterei
Der frühere Magazinbau von 1804 mit Pferdeställen im rückwärtigen Flügel war Rentamt, ab 1920 Rathaus, bis dies 1972 ins neue Schloss umzog. Eine Tafel weist auf den Dichter Karl Julius Weber hin. Er war Privatsekretär des Grafen Christian, spottete voller Witz und Ironie über die Romantik seiner Zeit und begann hier sein Hauptwerk „Demokritos". In einem schönen Gewölberaum gibt es Empfänge, Feierlichkeiten und die Reihe „Autoren in der Rentmeisterei", veranstaltet von der Literaturhandlung Paperback (s. d.). Im Dachgeschoss hat die Bücherei (s. d.) ihr Zuhause.

Schwimmbad

Dies ist das älteste Freischwimmbad im Odenwald, gebaut 1904. Von Mai bis September auf 23 Grad beheizt, hat es eine 50-Meter-Bahnenlänge. Biathlon gefällig? Dass es betrieben wird, verdankt es mittlerweile der ehrenamtlichen Arbeit eines Fördervereins.

Sehr, Peter

In Bad König 1951 geboren, hatte Chemie und Physik studiert und in Oxford promoviert. An der Universität leitete er die „Film Society", drehte erste Kurzfilme und wurde, als Autor, Produzent und Regisseur, ein bedeutender Autorenfilmer. Für die Regie von „Kaspar Hauser" (mit André Eisermann) gewann er 1994 in Locarno den Goldenen Leopard und den Deutschen Filmpreis in Gold. Zahlreiche Auszeichnungen folgten. Er drehte „Obsession“ mit Heike Makatsch und Daniel Craig (der später James Bond wurde), „Ludwig II.“ mit Axel Milberg, Uwe Ochsenknecht und Katharina Thalbach, bekam für „Love the Hard Way“ den Silbernen Leoparden und setzte sich filmisch mit dem Dritten Reich und dem Spanischen Bürgerkrieg auseinander. Er war Dozent, Gründungsmitglied der Deutschen Filmakademie und starb 2013 in München. „Peter Sehr war ein leidenschaftlicher Filmemacher und Europäer, der konsequent seinen eigenen Visionen der Kunst folgte“, erklärte Kulturstaatsminister Neumann.

Senioren

Alljährlich treffen sich die Senioren – und die muntere Bad Königer Bläsergruppe spielt auf.

Service

Was machen Menschen, die in Bad König einkaufen gehen? Nun ja, wie die meisten zieht es sie zum Supermarkt.

Aber wenn sie kein Gefährt für den Transport haben – was dann?

Mein Anliegen, ein paar Tüten mit Großeinkauf, dazu für zwei Monate Wasser- und Bierkisten in meine Gästewohnung gebracht zu bekommen, lief ins Leere. Mister Löwe, der Chef vom örtlichen Edeka, meinte trocken: „Nein, wir liefern nicht nach Hause.“ Mein Einwand, ich sei ja gerne bereit, das gesondert zu bezahlen, half mir nichts.

Wenn also die alte Königer Dame mal selbständig Gäste bewirten will – nix da, sie muss auf schwere Ware verzichten. Kein Sherry und kein Schampus. Wie die Touristen in ihrer Gästewohnung, die mit Fahrrad oder Zug gekommen sind. Oder sie gehen fremd: Amazon und Konsorten liefern alles nach Hause. Auch für frische Lebensmittel gibt es Online-Händler.

Ich löste das Problem mit Taxi Bieber. Die waren immer zuverlässig. Der Fahrer meinte treffend: „Die werden sich noch wundern.“ Und brachte mir die Kisten sogar in den ersten Stock.

Für den Alltag gibt's eine andere Lösung – das Tante-Emma-Spar-Geschäft von Mister Kräuter (s. Feuerwehr) ist beweglicher: Alles ab zwanzig Euro wird nach Hause gebracht. Dann kauft man doch gerne gleich mehr.

Das nennt man Service, Herr Löwe!

Und wenn ich schon beim Meckern bin – es gibt auch abgehobenen Luxus im Städtchen. Ganz was Neues: Die Damen beim Friseur Rodemich dürfen ohne Waschen keine Haare schneiden. Bzw. sie fassen keine Schere an, ohne mindestens 37 Euro zu verlangen. So hat der Chef das verfügt. Bei Habibe hingegen wurden meine paar Zotteln nicht nur ruckzuck höchst professionell gestutzt – die Dame verlangte einstellig so wenig Geld, das es mir peinlich war und ich aufstocken musste. Das nennt man Service.

Spaziergang

Frei nach Wilhelm Klinger (der dem „Heimatbuch“ folgt) gibt es einen lehrreichen Spaziergang entlang von Gebäuden aus Jugendstil (1890-1915) und Gründerzeit (ab 1871).

Das Haus Urich (s. Metzger) am Schlossplatz in gelber Klinkerbauweise mit bogenförmigen Sandstein- und Klinkerelementen und auflockernden Dachgauben stammt von 1897. Um die Ecke in der Alexanderstraße folgt das ehemalige Haus Oppenheimer – ein roter Klinkerbau mit Sandsteingewänden und einem abgewalmten Kraggiebel.

Durch die Bachgasse am Kurzentrum vorbei geht's zur Frankfurter Straße. Haus Nr. 24, der Putzbau mit Sandsteingewänden, stammt von 1909 und die Gaststätte „Pferdestall“ mit liebevoller Treppenüberdachung von 1911. Gegenüber im Park, die über

Heute Alexanderstraße

hundertjährige Villa Lien (s. d.), Empfangsgebäude der Schlossbergklinik, ist beeindruckend mit zwei Türmen, Seitenrisalit, vier Gauben im Turm, Schweifgiebel, Altan mit Veranda und Balustraden aus Sandstein.

In der Schwimmbadstraße Haus Nr. 6 mit Fachwerk-Obergeschoss und Erker stammt von 1907; am Großen Brunnen schließlich, das Hotel „Krone“ von 1899, ist ebenfalls ein Putzbau mit Sandstein und aufgesetzter Krone.

In der Bahnhofstraße das Kaufhaus Schweitzer von 1904 hat Ornamente am Portal aus Sandstein, Erker und Balkon.

Der geschweifte Südgiebel über dem Mittelrisalit ist Jugendstil, ebenso wie das Fachwerk-Gasthaus „Wacht am Rhein“ mit malerisch behelmtem Diagonalerker und vier Dachgauben.

Auch die ehemalige Sparkasse ist reiner Jugendstil von 1912, wenn auch an der Fassade über die Jahrzehnte einiges verändert wurde (nicht zum Vorteil). Und am Gebäude nebenan sieht man Steinmetzarbeiten im Klinkerverband, mit einem Kellergeschoss aus rotem Sandsteinbossenmauerwerk mit Basaltfeldern.

Das Kaufhaus Joseph von 1907 zeigt eine charakteristische Fensterfront mit feinen Linsen und Rundbogen sowie Mansardengauben; innen beeindrucken gedrechselte Baluster und Geländer über drei Etagen.

Gegenüber Nr. 29 hat einen Kraggiebel, angedeutete Runderker und abgerundete Fenster im Giebel. Die Seitenwand im typischen Jugendstil wird durch vier Klinkerlinsen unterbrochen. Und der Putzbau Nr. 41 ist seit 1905 unverändert mit

Eckquaderung, Bogenfenster und Sandsteingewänden.

Am Bahnhof von 1872 vorbei folgt in der Friedrich-Ebert-Straße 10 die ehemalige Oberförsterei von 1901 mit dem Kutscherhaus und parkartigem Garten.

Nr. 26 und 28 aus der Gründerzeit zeigen meisterhafte Steinhauerarbeiten und Walmgiebel.

Die Jugendstilvilla Nr. 40 bis 42 mit dem schönen Namen „Villa Tramontana" in derselben Straße wirkt südländisch mit den sich kreuzenden, gegiebelten Baukörpern. Sie wurde 1905 von dem Künstlerehepaar Mühlhäuser gebaut.

Ein Stück weiter, in der Jahnstraße, sind die Nr. 9, 11 und 15 sehenswert, mit Bossenmauerwerk und Jugendstilfriesen, Eckquaderung und neobarocken Fenster- und Türstürzen.

Das evangelische Gemeindehaus im schönsten Jugendstil von 1907 schließlich, in der Schulstraße 15, mit rotem Sandstein, einem Schweifgiebel mit senkrecht unterteilter Elipse als Luke, hat, passend zum ehemaligen Kindergarten, verspielte Mansardengauben.

Spaziergang 2

1 und 2. Von der historischen Altstadt (Oberdorf) durch die Mühlstraße: Nr. 1 ist ein Fachwerkbau, früher Pfarrhaus, von 1792. Nr. 16 von 1681, früher ein Gasthaus, ist eins der ältesten Häuser.

3. Freilichtbühne (s. d.)

4. Stadtmühle (s. d.)

5. Der 200 Jahre alte Oberdörfer Brunnen (s. d.) ist der älteste der Stadt. Der Ablauf führt unterirdisch in den Mühlbach.

6. Die liebenswürdigen, sanierten Fachwerkhäuser Nr. 18 (1751) und 20 (1738) gehören der Stadt.

7. Städtische Altenwohnanlage mit dreizehn Wohneinheiten.

8. Tagelöhnerhaus, spätes 18. Jahrhundert.

9. Haus Nr. 7 in der Sackgasse wirkt unscheinbar – und ist das älteste der Stadt (1667), das erste nach dem Dreißigjährigen Krieg wieder aufgebaute Bauernhaus.

10. Gedenkstein für die Synagoge, 1795 gebaut, 1939 abgerissen.

11. Das Haus Kraft von 1680 gilt als das schönste Fachwerkhaus von ganz Südhessen. Das hervorragende Zierfachwerk mit Mann-Figuren, Türken- und Andreaskreuzen in den Feldern ist einmalig.

12. Beim Fachwerkhaus gegenüber auf einem Nebengebäude, in der Alexanderstraße 3, thront ein wunderbarer „Roter Hahn" zur Abwehr von Feuer", eine Ziegelarbeit aus Ton.

13. Georg-Vetter-Museum. (s. d.)

14. Das schöne Fachwerk des Hauses in der Elisabethenstraße 4 stammt aus dem frühen 18. Jahrhundert. 1996 „schmückte" jemand die Nordwand (sic) mit einem togatragenden Römer, der auf eine Sonnenuhr hinweist – die korrekt geht; sie ist elektrisch. Und auf einem Schild steht der alte Kalauer: „Gott gab die Zeit – von Eile hat er nichts gesagt."

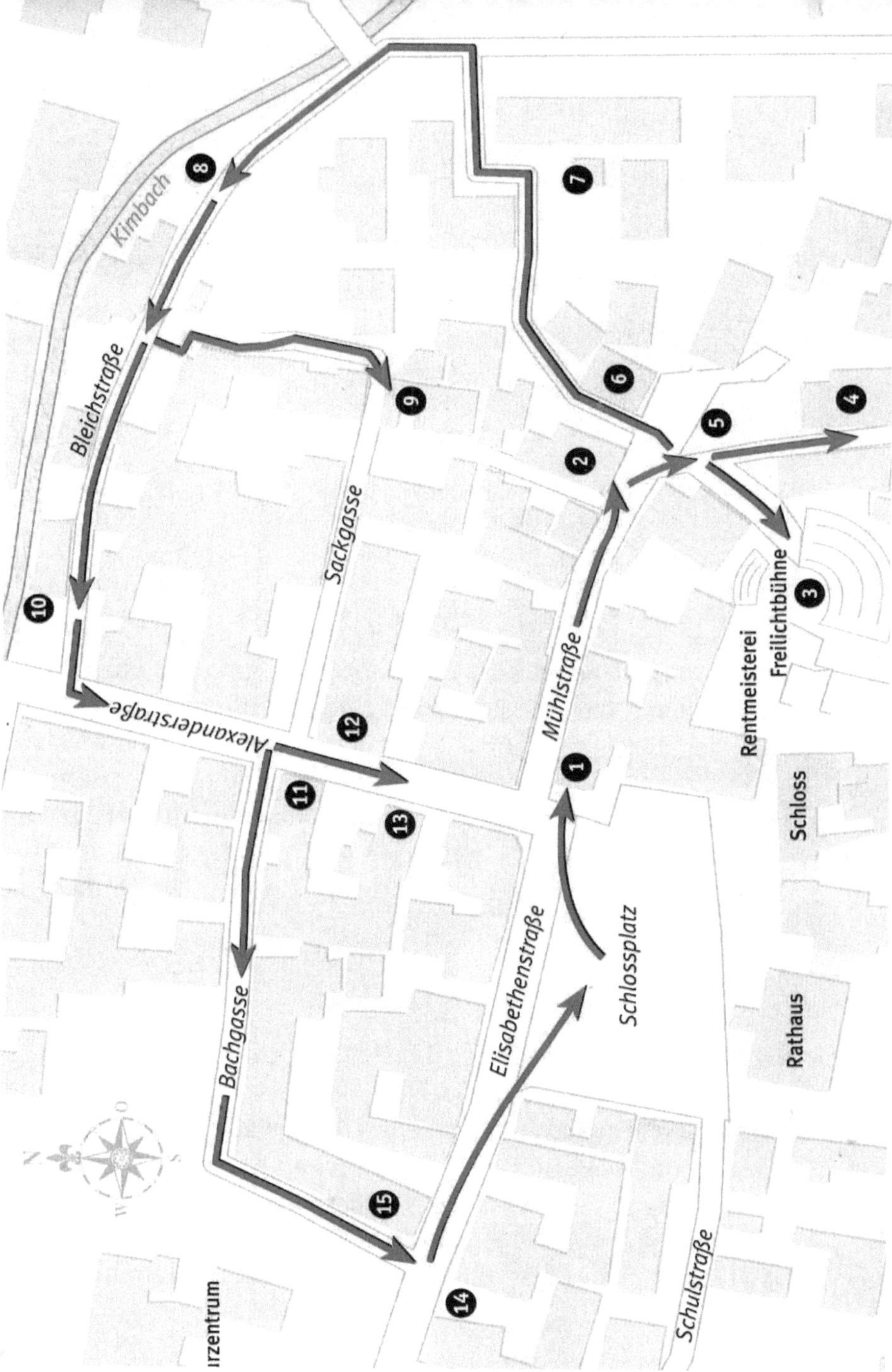

Karte und Erläuterung nach „Bad König erleben" (Peter W. Sattler/Elfriede Lorenz)

Und zweimal findet sich eine knieende Frau, die ein Eichenpflänzchen setzt – das Motiv der alten 50-Pfennig-Münze.

15. An der Ecke gegenüber steht das mächtige Fachwerkhaus (1807) vom Gasthaus „Zum Hirsch" – mit einem liebevollen spätbarocken Wirtshausschild, dazu einem springenden Hirschen und einem steigenden Löwen, dazu Maischgabel, Schlegel und Haken, den Handwerkszeichen der Brauer und Küfer.

Technikmuseum

Noch im Aufbau ist dieses TECUMAS (hört sich wie der berühmte Indianerführer Tecumseh an – ist aber das TEchnikMUseum MAtthias Schmitt) in einem alten 600 Quadratmeter-Gebäude, das der technikbegeisterte IT-Projektleiter Schmitt 2015 kaufte. Die „Hamburger Zigarrenfabrik" ist denkmalgeschützt, das macht ihm (anders als beim Neuen Schloss s.d.) keine Probleme. Er erzählt, dass er schon als Junge alles sammelte – Getränkedosen,

Feuerlöscher, Schilder, alles Elektronische, bis zum Feldtelefon.

Im Unterschied zu üblichen Ausstellungen – hier dürfen die Besucher alles bedienen und benutzen, die Geräte funktionieren. Mit dem alten Wählscheibentelefon kann man noch heute anrufen! Es gibt bereits über tausend Computer, Video- und Rechengeräte – jedes einzelne erklärt der besessene Macher persönlich. Und an die 10 000 Bücher, dazu andere Medien: Zeitschriften, Disketten, Lochkarten, CDs.

Klar, wer nicht besessen ist, kann sowas wie dieses lebendige Museum nicht aus dem Boden stampfen.

Therme

Die Seele von Bad König sind ihre Menschen. Aber das Herz ist zweifellos die Therme – wenn dies nicht schlüge … Sie ist die Nummer eins im Odenwald (s. Tourismus) und das einzige Heilbad in Südhessen.

Weil sie sich nicht selbst trägt – also von der Stadt mit fast einer Million jährlich finanziert wird –, gibt's, was sonst, Leute, denen das nicht passt. Einer meinte ernsthaft: „Abreißen!" Und dann?

Übrigens sind fünf oder sechs Euro Subvention pro Besucher nicht sonderlich viel. Vom Tanken über Einkauf und Gastronomie und die Steuereinnahmen profitiert man; aber nun ja, geschenkt ist das nicht. Doch es wird demnächst weniger.

Bad König ist alleiniger Träger; damals, 2000, als die Therme ausgebaut wurde, gab es keine Subventionen von Kreis und Land. Aber in 2024 sind die Schulden abbezahlt. Dann sinkt die Subvention auf vielleicht 700 000 €. Der Traum, kostendeckend zu arbeiten, wird wohl nix – aber der Segen für die Stadt ist das doch wohl wert?

Und warum kommen bis zu tausend Gäste am Tag, was wird überhaupt geboten?

Nackte Zahlen: Seit Bestehen gab es über 3,5 Millionen Besucher. Großes Freizeitbecken, Außenbecken und Therapiebecken haben zusammen 600 Quadratmeter Wasserfläche – auf 7000 Quadratmetern Grundfläche der Therme mit 33 000 Kubikmeter Raum.

Morgens von 9 bis 12 tummeln sich hier überwiegend Senioren. Mittags kommen Familien und Busse. Abends dann sind es die Berufstätigen.

Früher waren häufig Krankheitssymptome Grund für den Besuch – heute heißt es: Fit sein. Das Schlagwort ist: Achtsamkeit gegenüber sich selbst; es geht darum, die Gesundheit zu erhalten.

Es gibt mehrere Saunen – die siebte davon ist neu: die Vitalsauna, eine Textilsauna mit nur 75 anstelle der üblichen finnischen 90 Grad. Manche Besucher schätzen besonders die Infrarot-Lounge. Und es ist hübsch, wenn 500 Teelichter in den langen Saunanächten brennen.

Eine besondere Attraktion ist die Salzgrotte mit Salzen aus dem Himalaya und vom Schwarzen Meer – hier atmet die Haut! Die 60 Minuten sind wie ein Tag am Meer.

Allerlei Massagen, Packungen, Minikuren, Gymnastiken (nicht zuletzt für Rheumakranke), Körper- und Gesichtsbehandlungen bis zu Tai Chi und Qigong ... Es gibt Veranstaltungen, wie Lange Themensaunanächte, Familientag... Schluss, das soll hier ja kein Werbegedröhn werden; es gibt halt alles. Und es soll noch mehr werden. Edith Fleckenstein – schon fast seit Anbeginn hier und so etwas wie die Seele der Therme – wünscht sich noch manches. Vielleicht eine Filmleinwand für Vorstellungen vom Wasser aus? Konkret geplant sind weitere Saunen und Kurse.

Von mir ein Vorschlag dazu: In einer Therme in Budapest gibt's einen Damentag. Und ich las von Unterwassermusik und Hörbüchern unter Wasser. Wie wär's?

Gännt eisch än schaine Daach in de Therm – viel Vergnügen.

Tischtennis

Aus der Nachbarschaft: Timo Boll, einer der seit Jahrzehnten weltbesten Tischtennisspieler, hat sich nebenan in Höchst ein Haus gebaut. Jörg Roßkopf, Linkshänder, viele Jahre Platz 1 der Deutschen Rangliste und Bundestrainer, lebt ein Stückchen weiter in Groß-Umstadt. Auch Nationalspieler Patrick Franziska aus Bensheim spielte in Höchst; 2016 wurde er Europameister im Doppel, 2019 gewann er jeweils im Mixed WM-Bronze und Gold bei den Europaspielen.

Natürlich gibt's Tischtennis auch bei der TSG Bad König als Sparte.

Todesursachen

Von rund 1500 Geborenen starben im 18. Jahrhundert über ein Drittel im Alter bis zu zwei Jahren – und nur gut ein Fünftel wurde über 60 Jahre alt.

Hier einige Beispiele: „ward durch ein Brunnenteil zerquetscht“, Wassersucht, „Brand in den Eingeweiden“, „Unfall beim Fruchtdreschen“, Biss durch tollwütigen Hund, „brach sich das Genick“, „beim Baumfällen erschlagen“, Lungensucht und Engbrüstigkeit“, „zwei Kameraden vom Kriegsgericht wegen verbotenen Waffentragens erschossen“ ...

Die häufigsten Todesursachen durch Krankheiten: Auszehrung (Schwindsucht), Blattern (Pocken, Masern), Ermattung (Entkräftung), Ruhr, Stockfluss. Zum Thema gibt's ein so originelles wie informatives Buch über die Lebens-, Gesundheits- und Ernährungsverhältnisse, das Odenwaldbuch des Dr. Ludwig Gottfried Klein von 1754, Leibarzt der Grafen in Erbach und Fürstenau, das 2016 in Erbach unter dem Titel „... statt des Confekts fressen sie eine gute Portion Kartoffeln. Odenwald und Odenwälder im 18. Jahrhundert“ neu herausgegeben wurde.

Torte

Seit 1793 ist das Café Siefert in Michelstadt im Familienbesitz, früher Gastwirtschaft, Hausbrauerei und Poststation. Im letzten halben Jahrhundert entwickelte es sich zu einem Tempel der süßen Kunst – Bernd Siefert wurde Weltmeister der Konditoren 1997, Weltkonditor 2015 und gewann über 30 Goldmedaillen bei Wettkämpfen.

Aber man braucht nicht in die Nachbarschaft zu fahren – das Café Orth in Zell ist berühmt für seine außergewöhnliche Dinkelkonditorei, und in der Confiserie Café Rudolph gibt's vielerlei Köstlichkeiten, Pralinen, Florentiner...zum Niederknien!

Tourismus

Natürlich ist, wie überall in ländlichen Gegenden, der Tourismus wichtig – nicht nur für die Umsätze und Arbeitsplätze, auch für allerlei Angebote, Kultur, das öffentliche Leben. Und ebenso natürlich wird im Odenwaldkreis wie in König, geklagt, es werde zu wenig getan. Vorab also sei gesagt: Diese Gegend ist, im Bundesvergleich, im absoluten Mittelfeld zwischen den Spitzenangeboten und unattraktiven Langweilern. Da kann man doch nicht klagen?

900 Millionen € Umsatz wurden im Odenwald gemacht (gemäß einer Untersuchung in 2014 – mit dem Ziel 1 Milliarde in 2020, alle Zahlen grob gerundet).

Das waren 20 Millionen Tagesgäste (die täglich 28 € ausgeben, incl. Privatunterkunft und Camping) und 5 Millionen Übernachtungsgäste; letztere lassen täglich 78 € hier und machen etwa 40 % vom Umsatz.

Und wo landen die Euros? Knapp 40 % Einzelhandel, 25 % Gastronomie, ansonsten in Beherbergungsbetrieben, Dienstleistung, Unterhaltung, Transport. Davon leben rechnerisch 14 000 Beschäftigte.

BAD KÖNIG

Das Stahlbad im Odenwald

Und was ist der Leuchtturm von allem?

Ganz klar: die Therme (s. d.). Bei rund 180 000 Besuchern bringt sie 6,5 Millionen Umsatz, davon 3 Millionen Wertschöpfung. Sie schafft rechnerisch hundert Arbeitsplätze.

Zum Vergleich die folgenden Odenwälder Attraktionen: Das Felsenmeer schafft etwa 75 % von der Therme, die Tropfsteinhöhle Buchen 35 %, die Grube Messel gut 20 % und das Schloss in Erbach keine 10 %.

Vetter, Georg

„Georg Vetter mit seinem ausgeprägten und tiefverwurzelten Heimatgefühl, gepaart mit einem Löns'schen Naturempfinden, verstand es, seine Empfindungen in den für ihn charakteristischen Zeichnungen von Wild und Wald auszudrücken, die noch heute jeden Natur- und Heimatfreund entzücken" – so brachte Franz Graf zu Erbach-Erbach präzise auf den Punkt, was die Kinnicher von diesem Landschaftsmaler halten.

Er war ein so begabter wie besessener Landschaftsmaler, lebte von 1891 bis 1969, hatte nie Geld, wurde von einigen Königer Bürgern unterstützt – und war endlos im gesamten Odenwald unterwegs, bis zu hundert Kilometern am Tag. Neben zahllosen Landschaftszeichnungen schuf er Tierstudien, auch für Jagdzeitungen, dazu manch Humorvolles und Skurriles.

Das liebevolle Vetter-Museum, von der Metzgerin Traudel Urich (s. d.) und einem Freundeskreis gepflegt, ist knallvoll mit Bildern; besonders eindrucksvoll sind vielerlei kleine ausgearbeitete Bleistiftbilder – man kann sich nicht sattsehen. Wer wissen möchte, was Heimatgefühl ist, spürt in dieser Sammlung die tiefe Zuneigung zur Natur.

Vieh

Ein Schlaglicht in die Viehhaltung in Bad König früher: 1880, bei rund 2000 Einwohnern: 54 Pferde, 4 Fohlen, 7 Ochsen, 313 Kühe, 170 Rinder, 337 Schweine, 500 Schafe, 2 Esel, 153 Ziegen und 17 Bienenstöcke.

Villa Lien

Wenn man nach Bad König kommt, fällt dieses prächtige Gebäude – ein besonderes Beispiel repräsentativer historischer Architektur im Odenwald – sofort ins Auge. Sie bildet den Eingang zur Schlossbergklinik (s. d.). Der beeindruckende Putzbau hat zwei Schweifgiebel und einen burgenartigen Eckturm mit Fachwerkaufbau sowie einen zweiten, polygonalen Eckturm mit einer hübschen Haube. Der parkartige Garten und die Einfriedung mit einem neobarocken Eingangstor stammen noch aus der Bauzeit.

Gebaut wurde die denkmalgeschützte Villa für den Fabrikanten Georg Lien am Ende des 19. Jahrhunderts. Er stammt aus einer alten Mümling-Grumbacher Müllersfamilie und war der Gründer der Hacken-Fabrik in der ehemaligen Morasch-Mühle in Etzen-Gesäß.

Die Urenkelin Heidi Hoffmann lebt mit ihrem Mann Walter (s. Eichen) – nach einem sechsjährigen Aufenthalt in Argentinien, wo er als Deutschlehrer arbeitete – seit 2009 wieder angrenzend zum Park der Villa. Die beiden bereiteten für den Fremdling und Stadtschreiber ein großartiges Asado im perfekt selbst gebauten steinernen Grill. Und ihre Zukunft ist sicher – im beeindruckenden Familiengrab der Familie Lien auf dem Friedhof (s.d.).

Wald

Über 46 Prozent, also fast die Hälfte der rund 4700 Hektar der Bad Königer Gemarkung, ist Wald.

„Da ich ein armer Familien-Vatter und der Sohn des verlebten Ortsdieners Leonard Wolf bin, welcher der hiesigen Gemeinde in schlimmen Zeiten treu und redlich gedient, und meine Mutter nach dessen frühen Tod im Wittwenstand ihre Kinder ehrlich ernährt und der Gemeinde König nicht zur Last worden ist, so kann ich auch gewiß heute die gehorsamste Bitte wagen, daß verehrliche Herren geruhen möchten, mir den hiesigen Forstschützen-Dienst gnädigst angedeihen zu lassen." Der gute Mann wurde angestellt, sorgte für die Verringerung von Waldfrevel und bekam gar eine Gehaltserhöhung auf jährlich 95 Gulden.

Man stelle sich vor, wie heute ein Bürgermeister auf ein solches Bittschreiben reagieren würde – und müsste.

Für das Losholz der Gemeinde hatten die Ortsbürger ein Anrecht auf kostenlose Zuteilung. Der Name sagt's: Es wurde verlost. Die Empfänger mussten nur die Hauer und Setzer bezahlen. Gleiches galt für die Waldstreu, also Laub, Nadeln, Moos, altes Gras und Heidelbeerkraut, das mit der Sense gemäht wurde.

Von den Waldarbeitern wurden vor allem Kiefern, aber auch Lärchen, Fichten, Erlen und Eichen gesät.

Als 1990 der Orkan Wiebke große Kahlflächen verursachte, lernte man, dass die schnell wachsenden Nadelhölzer (der sogenannte Wirtschaftswald) generell mehr unter den Schadstoffen in der Luft leiden. Es wurde also wieder verstärkt Mischwald aufgeforstet, mit Buchen und Eichen, weil man begriffen hatte, dass er außer als Rohstofflieferant die Funktionen als Wasserspeicher, Luftfilter, Erholungsraum und Lebensraum für Wildtiere erfüllt. Und anstelle von schweren Fahrzeugen, die den Untergrund zerstören, werden, obwohl es teurer ist, für das Rücken des Holzes längst wieder Pferde eingesetzt.

Wandern

Es versteht sich gewissermaßen von selbst, dass man hier, im Herz des (südlichen) Odenwaldes, wunderbar wandern (WWW) kann. Und besonders Bad König ist als Basislager hervorragend geeignet. Es gibt eine sehr gute „Wanderkarte Bad König -Brombachtal" (1:25 000) – mit zwei Dutzend Rundwegen von gut 1 bis zu 12 km. Und 42 km „Rund um Bad König" – also auch genau richtig für Marathonläufer (für Mutige, rund zehn Stunden ohne Pausen).

S. 131: links: Weyprechttempel / Bergwachthütte / Freilinghütte, Zell / Fernblickhütte – rechts: Karolinengrün / Mümling Häuschen / Schutzhütte Ebertsgraben / Berlesruhe
S. 132: links: Eddahöhe / Wanderhütte Weinert / Helm Hütte / Schutzhütte Zelter Kopf-Heuberg, Zell – rechts: Rodenhausen Ruhe / Saubuschhütte, Fürstengrund / Vetter Hütte / Karolinengrün, alte Ansicht
S. 133: links: Daum Hütte, Zell / Am Trieb / MZVO Unterstand / Seniorenhütte Kimbach – rechts: Hütte an der hohen Straße,Momart / Degreifruhe,Zell / Ehemaliger Siegfriedtempel / Adolf-Hitler-Tempel (längst verschwunden)

Wanderhütte
auf der Weinert

önig i. Od.
Karolinengrün

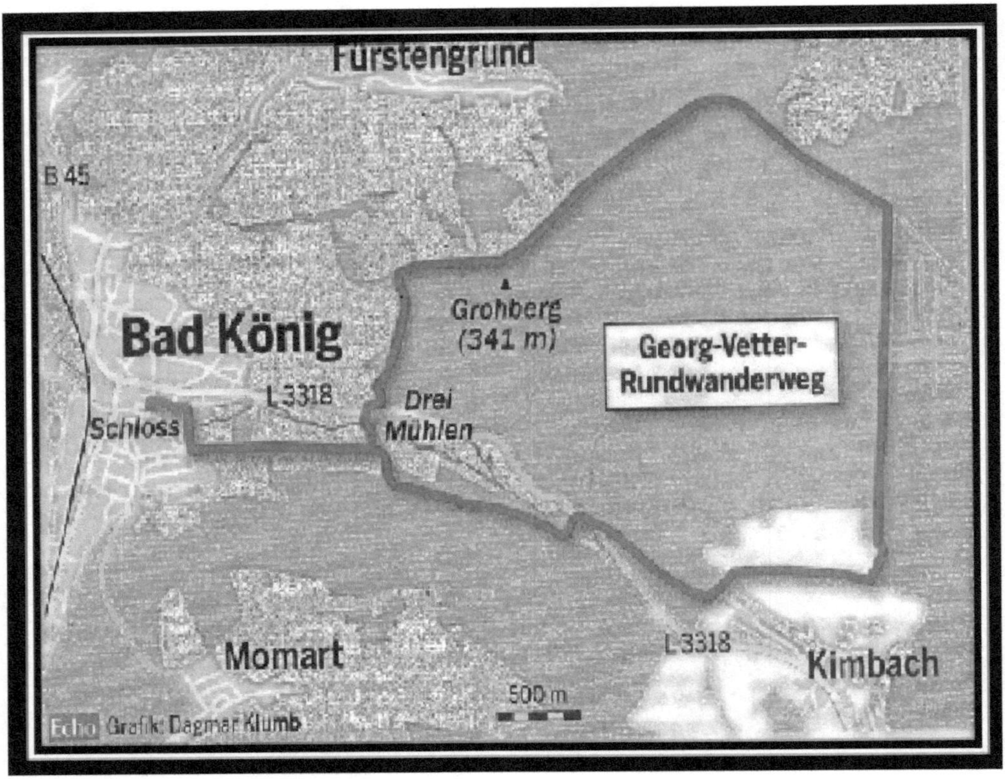

Die Georg-Vetter-Hütte liegt am ausgeschilderten Wanderweg, der führt zwölf Kilometer lang durch die schönste Umgebung mit mehrfach beeindruckenden Aussichtspunkten – nicht nur für die ganze Familie, auch für Fahrradfahrer geeignet.

Weyprecht

„... es ist unheimlich still. Unter dem Druck des angepreßten und gegen die Bordwand geschobenen Eises singt und jammert es beständig vom tiefsten Baß bis zum lichtesten Tenor, und jeder Kälteriß im Eichenholz knallt wie ein Schuß durchs ganze Schiff", schrieb Karl Weyprecht in sein Tagebuch. Der Polarforscher ist einer der bedeutendsten Söhne der Stadt; 1838 in Darmstadt geboren, wurde er 1881 in Bad König beerdigt.

Sein Vater war Kammerdirektor beim Erbach-Schönbergischen Fürsten in König. 1872 stach Weyprecht als Kommandant an Bord mit einer österreichisch-ungarischen Nordpol-Expedition in See. Als eines Tages der Himmel aufriss, sahen sie am 30. August 1873 „Land, Land, Land". Hier herrscht von April bis September Polartag; erst am Ende der Polarnacht im März 1874 konnten sie nach einem Marsch von 17 Tagen die neu entdeckte Inselgruppe (etwa so groß wie Thüringen) untersuchen, die sie „Kaiser-Franz-Josephs-Land" tauften. Das Schiff verließen sie im ewigen Eis und kehrten, nach strapaziösem Fußmarsch und Rettung durch russische Schiffe vor der Halbinsel Nowaja Semelja, nach Wien zurück.

1874 schrieb Weyprecht an Bord einen letzten Brief, bevor sie aufbrachen – der 1978 aufgefunden wurde; das Original ist in Wien, eine Fotokopie im Heimatmuseum Bad König.

In seinem großartigen Roman „Die Schrecken des Eises und der Finsternis" – einer magischen Verschmelzung von Dokumentation und Fiktion – hat der Schriftsteller Christoph Ransmayr diese Expedition geschildert. (Angemerkt sei: Ransmayr gehört zu den bedeutendsten lebenden deutschsprachigen Schriftstellern. Wer dieses Buch nicht gelesen hat. geht ärmer durchs Leben!)

Weyprecht-Schule

Die integrierte Gesamtschule von der 5. bis zur 10. Klasse mit über 400 Schülerinnen und Schülern und 35 Lehrkräften liegt oberhalb der Stadt mit wunderbarer Aussicht, besteht aus pseudo-geschmackvoll bunten Gebäuden aus den 70ern – und bietet eine Menge zusätzlich zum üblichen Unterricht. Musik, Theater und NaWi-Experimente, als Wahlpflicht: Mechatronik und Robotik – und sogar „Rund um den Apfel“. Es gibt eine Holzwerkstatt und eine umfangreiche Mediathek. Generell wird Wert gelegt auf selbständiges Lernen sowie auf Praxisnähe.

Dazu gehört nebenan eine neue mächtige Dreifeld-Sporthalle, 2011 für stattliche fünf Millionen gebaut, die architektonisch einerseits in die Landschaft und den Hang integriert ist, aber andererseits wie ein Fremdkörper massiv und schwarz wie ein UFO wirkt. Nebenbei: Gegenüber am Berg baute der Architekt Beckenhaub sein showmäßiges Wohnhaus – das im Ort treffenderweise „Berg-„ oder „Seilbahnstation“ genannt wird. Die Zuschauer des HR wählten es zum Traumhaus Nr. 1. Wer will in sowas wohnen? Auch Feuerwache und Sparkasse sind von ihm – nun ja, wichtigtuerische rechtwinklige Fremdkörper im Stadtbild, missverstandenes Bauhaus. Pardon, vermutlich liege ich daneben – über Geschmack kann man bekanntlich streiten.

Wildtierhilfe

Der Koboldhof vom Verein Lichtbrücke bekam 2018 den Hessischen Tierschutzpreis. Dies ist eine Pflegestation für verletzte und verwaiste wildlebende Kleinsäuger, vom Eichhörnchen, Feldhasen und Igel über Mäuse und Marder bis zu Rehkitz, Garten- und Siebenschläfer und Fledermaus.

Zell

Der Ortsteil mit 1100 Einwohnern konnte es überhaupt nicht leiden, 1980 nach Bad König eingemeindet zu werden – kein Wunder, hier gibt's ein wohlhabendes Industriegebiet. Das Dorf war empört, die Gemeinde prozessierte dagegen. Vergeblich.

Der Gasthof „Zur Krone“ gehört mit zu den ältesten Gastronomiebetrieben im Odenwald.

Als Inhaber einer „Schildwirtschafts-Konzession“ erscheint im Jahre 1789 ein Georg Friedrich Brehm aus Momart als Besitzer der „Krone“.

Diese “Konzessionen“ wurden von den einstigen Territorialherren erteilt, die für die Verleihung der „Schildwirtschaftsgerechtigkeit“ beachtliche Beträge kassierten.

In der Urkunde wird darauf hingewiesen, dass das Haus des Konzessionsinhabers von nun an ein „Gast- und Schildwirtschaftshaus sein und bleiben“ solle und dem Inhaber und seinen Nachfolgern gestattet werde, „ein öffentlich Schild auszustecken“.

Die „Krone“ steht unter Denkmalschutz, ebenso wie die das Gebäude von Maul, dem größten Arbeitgeber in Zell. Jakob Maul hatte hier eine Kammfabrik gekauft und eine Metallwarenfabrik für Bürobedarf gegründet. Später kamen weitere Unternehmen und Sparten dazu, und 1999 stellte Maul die erste Solarbriefwaage der Welt vor – mit Solarwaagen sind sie weltweiter Marktführer.

Auch Möbel Kempf gehört – mit 20000 Quadratmetern in Zell – zu den großen Arbeitgebern (600 Mitarbeiter zusammen mit dem Mutterhaus in Aschaffenburg).

Zu guter Letzt eine Anordnung wegen Trockenheit in Zell 1846: *Das Rauchen von Zigarren oder aus Pfeifen ohne Deckel auf der Straße ist bei Stafe von 1 fl. und 30 Kr. verboten.*

Zigarren

Die Brasil- und Havannazigarren aus König – abgesehen von Festangestellten von zahlreichen Frauen und Jugendlichen im Nebenerwerb hergestellt – waren überaus erfolgreich. Vor 150 Jahren lebten in dieser „Metropole der Zigarrenindustrie“ zahlreiche Zigarrenmacherfamilien. Die erste Zigarrenfabrik betrieb die Lehrerswitwe Morasch. Als die Odenwaldbahn 1871 in Betrieb genommen wurde, entstanden in den nächsten Jahrzehnten drei größere und mehrere kleinere Zigarrenfabriken. Vor der Jahrhundertwende zog die Firma Carl Muhle und Co. aus Hamburg nach König, weil die Arbeiter in Hamburg streikten und hier deutlich billiger waren – zeitweise waren es allein in der neuen Fabrik an der Kimbacher Straße über hundert. Im Heimatmuseum (s. d.) wird der Arbeitsplatz eines Zigarrenmachers lebendig dargestellt.

Bildnachweis

Hier mit bedanke ich mich bei den Bad Königern, die mir die Bilder zur Verfügung gestellt haben.

Die Abkürzungen:
Heimat- und Geschichtsverein (HGV); Reinhold Veit, der ! Fotograf der Stadt (Veit); ich selbst (VvE).

2: Blick vom Hirtenberg (Veit)
4: Autorenfoto (Ramone Pigagaite)
5: Blick vom Eichels (HGV)
6: Kondomautomat (Veit), „Zur Traube" (Gerhard Neff), Haselburg (VvE), Rentmeisterei (Veit), Asklepiosklinik (VvE), Odenwaldthermalbad (Kurgesellschaft), Heimatmuseum (Veit)
10-11: Florian Bowitz, Tap Dragons (Ballettschule Krings)
14-17: Brunnen (alle Veit), Legenden s. S. 13
19: Eröffnung der Umgehungsstraße (HGV)
20: Eiche vorher (Veit)
21: Eiche nachher (VvE), Skulptur (Walter Hoffmann)
22: Baum im Odenwald (Veit)
23: Einhardsbasilika (VvE)
25-7 in Etzengesäß: Bauer, Bauernhaus, Soldaten (alle Gabi Kunze-König)
28: Ehrmann´sches Haus (Veit)
29: Mühlstraße 18 (Veit)
32: Feuerwehrhaus (Veit)
33: Koch-Schmied, Hochwasser (Katharina Haase)
34: Freilichtbühne (Veit)
35: Grabstätte (Veit)
36: Löwchen (Veit), Judenfriedhof (Veit)
37: Straßenschild (VvE)
40: Haus in Gumpersberg (Suhr/Ziegs)
42-43: Haselburg (VvE)
46-7: Heimatmuseum (alle Veit)
49: Sessel (VvE)
51-2: Kaninchen (VvE)
53-4: Kapelle (Veit)
57: Nieder-Kinzig (Veit), Spinnmädchenkreuz (Quelle aus dem Internet)
58: Schulhaus Nieder-Kinzig (VvE)
60: Therapiehund (Klinik)
62: Kondomautomat (Veit)
63: Bagger am See (Veit)
64-65: Skulpturen (alle Skulpturenpark)
66: Rentmeisterei (VvE)
67: Vito von Eichborn (Joachim Steiger), Wappen (Liederkranz)
68: Postkarte (HGV)
69: Chor (Liederkranz)
71: Die Steigers und Moritz (VvE)
74: Maulbeerbaum vorher (VvE), nachher (Gartenbauverein)
75-78: Menschen (alle HGV – hingehen, dort im Museum gibt's noch mehr)
80: Großvater und -mutter Urich (Traudel Urich)
81: Ziegen (VvE)
83: Ehemaliges Mühlrad (Karlheinz Hofferbert)
84: Ölmühle (Veit)
89: Skizze
91: Papierkorb (VvE)
92: „Wilder Hirsch" (Webseite)
93: Truck (VvE)
94: „Zur Traube" (Neff + HGV)
96: Ansichtskarte (HGV)
97: Grasmann (aus: Ella Gieg „Die Odenwälder Räuber")
99: Grabstein im Kirchturm (Veit)
100: Vogel (Veit/HGV)

102: Brunnen (Veit)
103-5: Schlossbilder (alle Veit)
106: Torbogen (Veit)
107: Schornstein vor der Renovierung (Veit)
109: Senioren (VvE)
111: Kirchstraße (HGV)
112: „Zur Krone", Kaufhaus Schweitzer (Veit)
113: Wacht am Rhein, Kaufhaus Joseph (Veit)
114: Forsthaus (Veit)
115: Haus Kraft, Tagelöhnerhaus (Veit)
116: Handwerkerzeichen (Veit)
117: Karte (Sattler/Lorenz)
118: „Zum Hirsch" (Veit)
119: Technikmuseum (Matthias Schmitt)
120-1: Innenbecken und Salzgrotte (Therme)
122: Erste Kurgäste, die Frankfurter Mädchen (HGV)
125: Plakat (HGV)
126: Rehbock (Museum)
127: Museum (Veit), Georg Vetter (Museum)
128: Villa Lien (VvE)
130: Toter Mann (VvE)
131-133: Hütten und Tempelchen (alle Veit), Legenden s. S. 130
134: Karte (Sattler/Lorenz)
135: Weyprecht; Grabstein (Veit)
138: Zigarren im Heimatmuseum (VvE)
139: Töpferei im Heimatmuseum (Veit)
142 Tür Heimatmuseum (VvE)

Quellen

Dies ist ja keine wissenschaftliche Arbeit, daher verzichte auf Details. Genutzt habe ich vor allem zahlreiche Gespräche, Prospekte und Kataloge aller Art, vielerlei im Internet und diverse Bücher, einige mit alten Ansichten aus der Sammlung der Familie Kunkelmann, Haus Fernblick. Hinweisen möchte ich hier nur auf zwei zu Unrecht vergriffene besondere Titel:
Karl-Heinz Winter/Reinhold Veit (Fotos): Heimatbuch Bad König, Druck Multikopie Berg, Reinheim-Spachbrücken o. J. – Eine sehr umfangreiche, gründliche, gut gemachte Übersicht über die Geschichte der Stadt.
Otto Giebenhain: Unsere Bad Königer Mundart, Heimat- und Geschichtsverein, 3. Auflage 1995 – Ein wunderbares Heft, das es verdienen würde, fortgeschrieben und neu verlegt zu werden.
Ein Muss sind außerdem die lebendigen Bücher von Gertrud und Joachim Steiger: „Odenwald - ein Heimatbuch" und "Von der Bergstraße über den Odenwald zum Spessart".

Stichwortverzeichnis

-

BAD KÖNIG
Das Stahlbad im Odenwald